0~4歳の脳を元気にする療育

発達障害と改善事例44

浅野幸恵［著］

築地書館

若いお母さんたちへ　赤ちゃんには、静けさが、とっても大事！

赤ちゃんの脳は、生まれた時には400グラムだけど、8ヵ月で2倍の800グラムになります。1ヵ月に50グラムも脳が育っているのです。その時の赤ちゃんの脳は遺伝子に組み込まれた順に成長していて、まだ、人として進化中、とも言えます。

進化中の赤ちゃんには静かな環境がとても大切だと、赤ちゃん学などの専門家が発表しています。その時に、たくさんの刺激が脳に入ると、脳の中で栄養を取りあって、人間として大事な育ち（コミュニケーション能力の獲得）が遅れ、トラブルを起こす心配があると、乳幼児の脳の育ちを研究している学者が書いています。だから、テレビがつけっぱなしになっていて、赤ちゃんに音が聞こえているということは、良くないらしいのです。

随分前から、幼児の言葉の遅れには、連続的に音の出る機器が良くない、という説があるけれど広がりません。

お母さんは「テレビをつけっぱなしにすることが、赤ちゃんには良くない」と、専門家から注意されれば、我慢できますよね。大事な赤ちゃんのためですから。

工夫をしてテレビを楽しむこともできるはずです。

・テレビとベビーベッドをできるだけ離して置く

・音を小さくする（時には音を消して画面だけにする）
・見たい番組だけ、テレビをつける

現在、日本は年に100万人の赤ちゃんが生まれると、1万人もの自閉症スペクトラムの赤ちゃんが生まれているということなのです。とっても大変なことが起きているのです。

自閉症の子どもを少しでも減らすことができるのなら、この情報を伝えねばならないと思います。自立できないことも、コミュニケーションが苦手なことも、子ども達が長い人生を生きるためには、とても大変なことだから……。

本を読んでいると、世界でも、日本でも、自閉症の症状がなくなった子ども達がたくさんいます。自閉症の子の全部が治らない障害ではないのです。

いつかは、自閉症スペクトラムの原因が分かり、子ども達が障害をのりこえて普通に生きていける日がくるように願っていますが、でも、日本は、今、少子化と高齢化が同時に急速に進行しています……。このままでは、障害のある子も、普通の育ちの子も、介護が必要になるお年寄りにとっても、大変なことになるでしょう。少しでも早く、赤ちゃんと音との関係を、若いお母さんに伝えねばならないと決心しました。

赤ちゃんがコミュニケーション能力を獲得する経過が、研究者によって少しずつ解明されてきて、そして分かったことは、赤ちゃんには静けさが大事ということです。どうしてか？　を少しお話しします。

言葉を覚えるには、聞こえなければなりません。大人には雑音の中でも、人間の声を聞き取る能力があります。赤ちゃんは、脳がまだよく機能していないから、機械音が流れていると、お母さんの声が聞き取れません。言葉が聞き取れなければ言葉は覚えられないですね。それで言葉の発達が遅れてしまう。

それに、赤ちゃんの喃語は発声練習なのです。お母さんの声を聞き、自分の喃語を聞き、修正して喃語を出し、その声を聞く……。それを繰り返して、母国語で話すようになります。いつもテレビがついていると、赤ちゃんは自分の声を自分でよく聞き取れない、発声練習ができなくて話せないんじゃないか、という仮説が立てられるのです。

赤ちゃんに静けさが大事ということが、分かる気がするでしょう。

お父さんお母さん、あなたの赤ちゃんの、脳の育ちを守ってあげてください。

子ども達が自立して生きていくために、赤ちゃんの静かな環境を、守ってあげてください。

静けさの中で、言葉を理解すること、言葉を話すことを学び、静けさの中で赤ちゃんはコミュニケーション能力を学ぶことができます。

2歳半まで、気をつけて。それだけで良いことが、いっぱいあります。

この本の後半には、言葉の発達の遅れた幼児が、機械音を除いて、脳を休め、脳の治る力を利用して、脳が元気になって、改善していった事例報告があります。ぜひ読んでください。

目次

はじめに　明日の子ども達に、母親ができることを

視覚障害、聴覚障害、肢体不自由児の子どもの人数は、あまり変動がないのに、知的な遅れの*自閉症スペクトラム（自閉症連続体）といわれる子ども達がこの60年で激増しています。特別支援学校も急増しました。

今、支援の必要な子ども達が、団塊世代の高齢化によって大きな問題になってきました。障害があって、働けない子どもの生活を支えてきた親が、高齢化によって子どもを支えられなくなり、老人の貧困問題と重なってきました。

２０１４（平成26）年の調査では、特別支援学校の高等部には5万９９３１名の知的障害児が在籍していました。特別支援学校の高等部に在籍する子どもたちの多くは、完全な自立は難しいという統計が出ています。

知的に遅れのない子ども達の他に、たくさんの子ども達が非言語コミュニケーション能力・社会性の発達の障害による生きにくさに苦労しています。

幼児期の言葉の発達の遅れは、将来に知的障害、情緒障害などで、自立して生活ができない可能性がある、という大変な問題です。知的な遅れのないアスペルガー症候群の子も、非言語コミュニケーションなど、社会性の障害のために、不登校・引きこもり・うつ病などになりやすい傾向がありま

す。

さらに診断を受けた子ども達の、その周辺にはボーダーと言われる子ども達がいます。落ち着きがない、衝動的、自己中心、コミュニケーション能力が少し弱い、そんな子が小学校では1クラスに2～3人、そうした子が不登校になりやすく、中学校では不登校の子が1クラスに1人くらいいます。

「子ども達が障害をもって一生を生きる」ということと「コミュニケーション障害という生きづらさ」をもって生きる、という事態の増加を、何としても止めなければ、と子どもの幸せを願って生きる母親として、強く強く願っています。

自閉症は、「先天的な遺伝要因によって起き、治らない」という主張が主流ですが、私たちは「自閉症と診断されている幼児の中に、治る子ども達がいます」と主張しています。

それは、私が指導を受けた岩佐京子が発見した、機械音を除いて脳を休める、という早期療育です。岩佐には40年以上の経験があり、片岡直樹小児科医（元川崎医科大学教授・元小児科学会会長）もその治療に取り組みました。私も10年の経験があります。それぞれに出版、講演活動でも社会に啓蒙を行いました。

片岡氏も、機械音を除くカウンセリングを行いました。『テレビ・ビデオが子どもの心を破壊している！』など著書も多くあります。片岡氏は小児科学会の会長時代に、提言を発表しました。

小児科学会の提言

■2歳以下の子どもには、テレビ・ビデオは長時間、見せない
■テレビはつけっぱなしにしない
■授乳中、食事中はテレビをつけない
■テレビの適切な見方を、身につけさせる
■見終わったら消す。ビデオは、続けて繰り返し見ない、他

しかし、この主張、乳幼児には、静けさが大事で、機械音など多くの刺激が入ることは良くないであろう、ということは、きちんとした検討も行われずに、無視、あるいは批判を受け続けてきました。これから命を授かる子ども達のことを考えると、残念でたまりません。多くの人に理解されて、この事実を広めるために、私は、カウンセリングを続けながら、自閉症発症のメカニズムの研究を続けてきました。

1940年頃から連続して音の出る機器が次々と販売されて、各家庭に普及していきました。近代社会に生きる人々は、スイッチを入れれば音を出し続ける機器に取り囲まれています。自閉症は近代化された社会が生んだ「現代病」かもしれません。

今まで世界中で行われてきた自閉症の遺伝子研究は、足踏み状態です。そして遺伝子研究は、自閉症児を減らすことに直ちにつながることは難しいと考えます。遺伝子研究が成果を上げない間に、世

界中で自閉症児が激増し、日本では、自閉症児は、1～2%の発症まで激増するという事態になっていました。

私たちは、自閉症と診断された子ども達の中に、遺伝子の変異ではなく、言葉を覚えるための環境が整わず、遺伝子の発現にトラブルがあった子ども達がいると考えます。その子ども達は環境を整えれば直ちに改善を始めます。

「2歳半までは、多すぎる刺激に注意して、赤ちゃんの内にある育つ力、遺伝子の育ちを大事にする」。これを注意するだけで、かなりの割合で自閉症の発症を減らすことができると考えます。

言葉の発達が遅れた幼児が、機械音を除くと症状が改善するのは、多くの臨床例がある事実です。

この主張は、お母さんを批判することではありません。「頑張る方法があって嬉しい」と言ってお母さんは喜んで頑張ります。短期間で育てやすくなっていくことに、多くのお母さんに感謝されました。この主張は、自閉症の兄弟を持つ人々に、安心をもたらします。

私はカウンセリングの初めに、『自閉症を克服する』（リン・カーン・ケーゲル、クレア・ラゼブニック共著）を紹介します。その中の、リン・カーン・ケーゲルの言葉です。


「君は子どもを治したことがあるだろうか」

私は『治った』という言葉は使わないようにしています。『自閉症』がまだどういう病気かはっきりわかっていないからです。でも、ご質問の意味が『自閉症の症状がすっかり消えた子がいるか』ということでしたら、『ええ、たくさんいます』とお答えできます」と言った。

「そちらではどうでしょう?」とたずねると、「やはり大勢いる」との返事だった。

海外にも自閉症の症状が消えた大勢の子ども達がいました。希望を持ちましょう。

2歳までは、左脳も右脳も互換性があり、病気のために、2歳以前に、左脳を取り除いても、訓練で、多くの子どもは、言葉も日常生活にも困らなくなるほど、人間の脳にはすばらしい治る力(可塑性と代償機能)があります。自閉症の原因が分からなくても、脳のその機能を活用して、適切な早期療育を行って、自閉症スペクトラムの子ども達が、将来、症状は個性として、自立して生きていけるくらいまで治療ができるようにしたい。そんな自閉症早期療育のシステムができ上がる日が来ることを願って出版を決意しました。

＊自閉症スペクトラムは広汎性発達障害と同じ意味で使われている。自閉症・高機能自閉症・アスペルガー症候群の総称だが、その間にはっきりとした線引きをすることはできない。

1　改善事例を役立てたい

お母さんから療育センターや幼稚園の先生方が、子どもが急激に発達したのを、とても喜んでくださったとメールをもらいますが、先生方の関心はそこで終わってしまいます。この本には実例を多く載せました。この記録を療育の参考にしてほしいと願います。また、専門家の先生には、こうした経過で改善していった子どもの症例、事実を分析して、自閉症研究に役立てていただけることを願っています。改善事例は、お母さん方とのメールやＦＡＸのやり取りを短縮して作成しました。創作はありません。

一刻も早く本を出版し、社会に問題を提起し、話せない、あるいはコミュニケーションに障害を持つ人々が減少し、どの子も心豊かに人生を生き、どのお母さんも楽しんで育児ができるように願っています。

2　知的障害のある児童の激増

１９５６（昭和31）年、鷲見妙子が初めての症例報告を行いました。以下の数字を見て、発達障害の問題が、日本にとって、いかに大変な問題なのかが分かります。

情緒障害特殊学級の児童生徒数の推移

	小学校	中学校	
1971年	581名	357名	
1976年	3,341	767	
1981年	6,580	1,649	
1986年	8,434	3,629	
1991年	7,156	4,015	
1996年	9,000	3,950	（1971年より25年後）
2001年	14,003	5,375	（1971年より30年後）
2003年	17,077	6,379	

		小学校	中学校
2014年	知的障害児	62,591名	32,230名
	自閉症情緒障害	58,376名	23,248名

広汎性発達障害有病率は、韓国が世界一、日本が2位です。

２００２年、教師のアンケートによると、発達障害と思われる、生きにくさを持つ子どもは、6・3％。少子化問題も同時進行している日本、少子化と自閉症の激増が日本の将来に暗雲をもたらしかねません。

日本で初めて症例報告があってから60年後の現在、子どもの1％が自閉症スペクトラムでした。1年に１００万人の赤ちゃんが生まれる時、1万人の自閉症スペクトラムの赤ちゃんが生まれるということになります。

生まれつきの脳の障害、とは、母体内で、脳の育ちに異常が起きたということです。しかし、視覚障害・聴覚障害・肢体不自由児はほとんど増えていません。知的障害・情緒障害児だけが激増しています。お母さんの胎内で、これほど多くの子

特別支援学校の在籍児童生徒数（2014年５月）

	小学校	中学校	高等部
知的障害	34,004名	27,372名	59,921名
視覚障害	1,778名	1,197名	2,560名

どもが高度の脳の発達の部分だけに遺伝子のトラブルを起こしたと考えることは、不自然です。脳の高次機能の成長は、生後に始まり、環境が大きく影響します。子ども達は、遺伝子と環境との相互作用によって、言葉を身につけます。

3　親の願いは、お母さんのせいではありませんよと言われること？

「お母さんのせいではありませんよ」。お母さんはそのような言葉を望んでいるのでしょうか？　あるお父さんは「自閉症を治す薬があったら、たとえ地の果てでも探しに行きます」とブログに書いています。お母さんは「この子を幸せにしたい」と強く願っています。

お母さんは、子どもと話がしたい！　コミュニケーションを取りたい！　子どもが自立できるように普通に育ってほしい！　子どもに幸せになってほしい！と、心から願っています。

「乳幼児のいる部屋で、テレビを長い時間つけていたり、音楽をかけるなどしていませんか？　機械音が良くないという説があります。科学的に証明はされていませんが……」

そのようなアドバイスをすれば、そのことを知らなかったお母さんは、びっくりします。この時代にテレビをつけない生活をすることは、とても大変ですが、子どもが良くなっていくのを確認すれば、一生懸命に実行します。後ろを振り向いて後悔している時間はありません。

テレビなどの機械音が良くない、という説には、どうして、そのようになるのか？　今まで分かりませんでした。

しかし、今は自信を持って伝えられます。機械音が多い環境で育ち、言葉の発達の遅かった子ども達に早期療育をすることで、自閉症の症状を改善することができました。生後2ヵ月の赤ちゃんのお母さんからの電話で、カウンセリングした赤ちゃんが良くなっていきました。10年余、カウンセリングした子ども達とお母さんの実例があります。岩佐京子には、40年間の経験があります。

4　岩佐京子の発見

岩佐京子は、1968年から1977年まで、東京都の保健所で、三歳児健診の心理相談に従事していました。そんな頃、言葉の発達の遅い子どもの相談が、増加し始めました。岩佐は、言葉の遅い子の、環境の調査を行いました。そして、テレビなどの機械音を長い時間、聞いていることが共通していることに気がつきました。

半信半疑でしたが、試しに「機械音を除く」という指導をすると、子ども達は改善していきました。その後、ルナ子ども相談所を開設して、40年以上相談を続け、出版・講演活動でも啓蒙を続けま

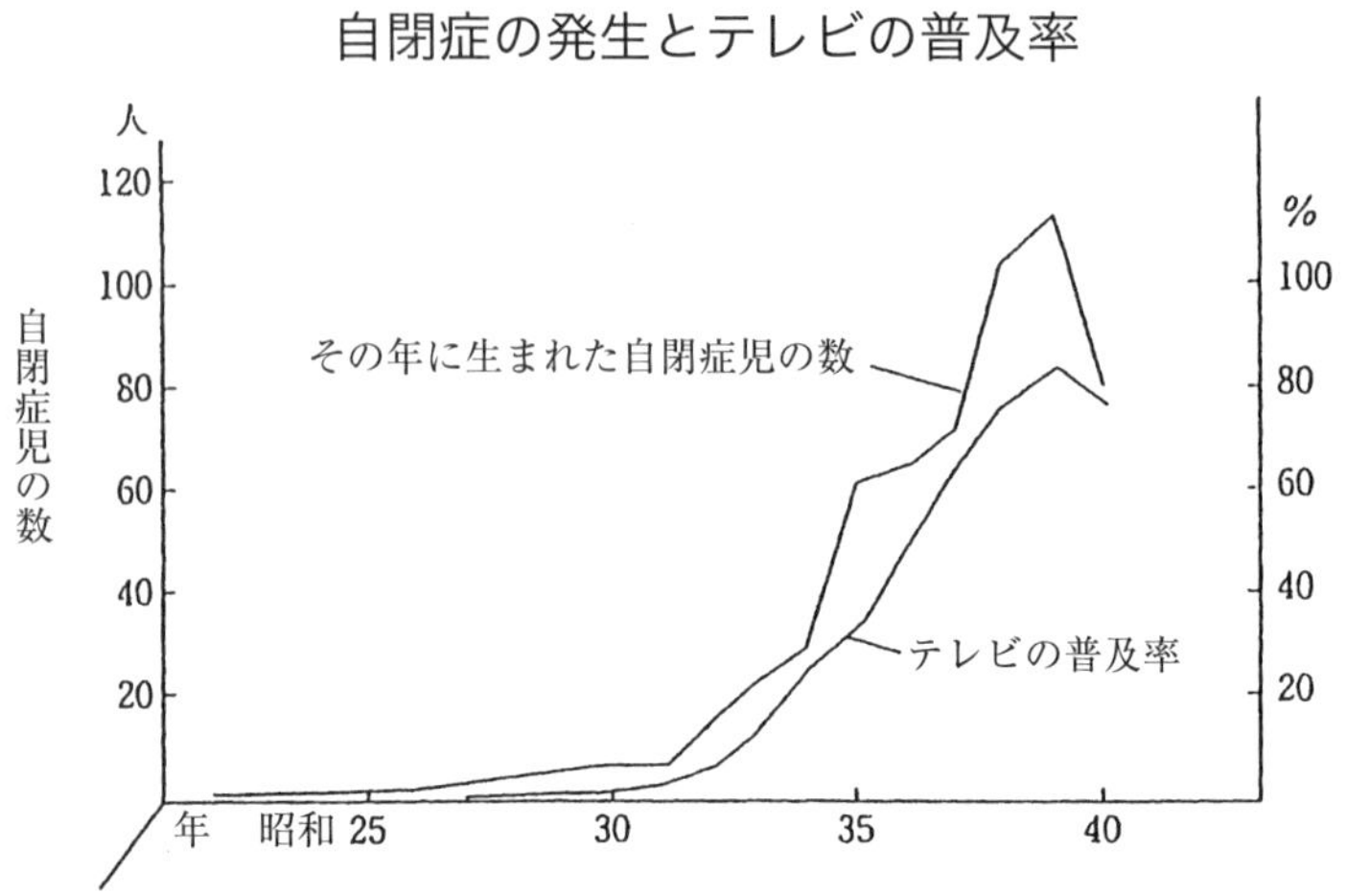

（岩佐京子『自閉症の謎に挑む』より転載）

した。1万人のカウンセリングを行い、多くの子ども達を、障害から救いました。

自閉症の初期の症例は、教育水準の高い家庭、医学界の関係者に多く、両親が知的であった、との報告がありますが、裕福な家庭は、レコードやテレビなどの機器を、最初に手に入れることができたと、考えることができます。1940年頃から、蓄音機・ラジオ・テープレコーダー、その後は、テレビ、ビデオデッキ、CDなど、音を連続的に出す機器が次々と販売されました。初期には高価でしたが、徐々に低価格になり、多くの家庭へ普及していきました。

この頃から、自閉症の子どもが多くなり始めています。日本の場合、岩佐が、テレビの普及率と自閉症の増加率は、ほぼ、同じであることを調査して図にしています。

岩佐は、テレビを消すと、なぜ言葉の反応が出て、話し出すのか、考えていた時、こんなことに気づきました。

ある日『世論時報』という雑誌に日大薬理学教授・田村豊幸氏の「日本人に警告、この恐るべき害、騒音」という対談を見つけました。

すなわち、音が耳から入ると、それは神経を伝わって脳にいくのですが、そのときにエネルギーがいるというのです。脳の中のエネルギーは、ブドウ糖を燃やして得るのですが、そのときにビタミンB1を使います。

また、神経繊維の継ぎ目の所をシナプスといいますが、ここではアセチルコリンをはじめとする神経伝達物質によって刺激が伝えられます。

すなわち、音の流れている中にいると、本人が意識するしないにかかわらず、ビタミンB1とアセチルコリンがどんどん消耗されていくのです。

『危険！テレビが幼児をダメにする!!』岩佐京子著
岩佐は、これを読んでから子ども達に栄養補助食品のレシチンを与え、カウンセリングの治療効果が向上しました。

しかし、今も医師にも療育の現場でも理解されていません。子どもが自閉症の診断を受けたお母さんは「自閉症は生まれつきの脳の障害で治りません」と言われ続けています。そして、子どもの育てにくさと、子どもが治らない障害を持って生まれたことに悩んで、心を病むお母さんが多くいます。

岩佐は、機械音を除くだけでなく、栄養補助食品を使いました。「普通に自立して生きていけるように」を目標にするには、栄養補助食品の利用が必要だと私も経験から思います。レシチンが主です。レシチン（リン脂質）は、神経伝達物質アセチルコリンの材料にも、神経を包む髄鞘《ずいしょう》の材料にもなります。

自閉症の乳幼児にレシチンを与えて、大変に効果があるのは、自閉症の発症に神経伝達物質のアセチルコリンと神経を包む髄鞘のトラブルが関係していると考えます。

脳のトラブルに栄養補助食品を補うことを「分子整合精神医学」といいます（私がこの栄養学を学んだ金子雅俊氏は、ノーベル賞を2度受賞したライナス・ポーリング博士や、自閉症研究で有名なバーナード・リムランド博士と同じ、世界の分子栄養学界の殿堂入りを果たしています）。

5　自閉症の子ども達の願い……自閉症を治して！

ほとんど言葉が話せない重度自閉症のイアンは、手を添えてもらうという援助を受けて自分の気持ちをタイプで打てるようになりました。「苦しい、助けて、自閉症を治して！」、「何か落ち着ける薬をちょうだい！」と。イアンは、他の人に手を添えてもらわないとタイプが打てません。それでも、知的には低くはありません。いったい脳と身体は、どのように接続されているのでしょうか？　重度の自閉症に苦しんできた方は、「治りたい！　治してほしい！」と強く願っています。そして、これから命を授かる子ども達が、自分のように苦しい人生を送らなくてもいいように、治療法が見つかることを強く願っています。

自身も自閉症の東田直樹さんは自著で、じっと見ることができない、自分の思うように体が動かない、思うことは話せず、勝手に言葉が出てしまうと書いていますが、同じく自閉症で大学教授のテンプル・グランディンの本には、自閉症児の脳は正常で壊れてはいない、と書かれています。しかし脳の機能にはトラブルがあります。東田さんは、この障害は、昔はあまり無かったものだからと聞いた。なぜ、これだけ増えているかを、人類全体で考える時期に来ているのではないか……と書き、テンプルは、新しい療法を試し、現存する療法を綿密にチェックすべきだと考えています。

生き埋めになった子をみんなが必死に救おうとするように、世界中の人々が力を合わせて努力するならば、長い人生を、生きにくさに苦労する子ども達を、助けることができるはずです。人間の叡智を集めて、治療法や原因を解明しましょう。これから命を授かる、世界中の、これから生まれてくる赤ちゃん・子ども達と家族のために……。

6　貴重な研究を基礎に、成果の統合を

自閉症は世界中で研究されて、研究も出そろっています。遺伝子原因説もありますが、該当する遺伝子は見つかっていません。近年、治療結果も合わせて、研究を統合する必要があるとの声が上がっています。これほど多くの子ども達が障害児となっている自閉症の原因は、一つではなく、遺伝子要

因の場合も環境要因の場合もあっても、不思議ではないと私は考えています。

まわりの話し声を聞き取ったり、手話をみたりする能力がある限り、子どもが言語を獲得することなしに成長することは、ほとんど起こり得ない。また、森の奥深くでどんなに原始的な生活を続けている部族があったとしても、言語をまだ持っていないなどということはあり得ないだろう。人間が話すことは本能であって、創造的な学習や文化の産物として生まれたものではない。チョムスキーは、人間である限り生得的に備わった言語能力が存在すると考えた。

『言語の脳科学』酒井邦嘉著

髄鞘は、オリゴデンドログリアというグリア細胞の一種が軸索にその細胞膜を層状に巻きつけることによって形成されます。髄鞘をもつ軸索を有髄神経線維、それをもたないものを無髄神経線維といいます。（中略）有髄神経線維は、無髄神経線維に比べて非常に速い速度で神経情報を伝達することができるのです。（中略）

子どもの脳の発達は、髄鞘化の過程であるともいえるのです。（中略）

脳幹と小脳が一番早く髄鞘化されます。（中略）胎生期から生後2年くらいまでに脳幹、小脳、大脳へと髄鞘化が進み、その後、成人期まで引き続き髄鞘化されることがわかっています。

『教育と脳』永江誠司著

脳の構造と機能は生後初期に環境からの入力によってかなり変わると考えられている。（中略）このような変化は〝臨界期〟或いは〝感受性期〟と呼ばれる生後発達の一定の時期にのみ起こる。（中略）入力の少ない回路が脱落し、多い回路が強化されるというシナプス競合プロセスが進行し易いことが可塑性の高い理由であると考えるものである。

「発達脳の可塑性と臨界期」津本忠治著

「脳には筋肉に似た性質がある。ある領域を使うと、その領域は成長する」とマグワイアは言う。（中略）脳には視覚を発達させるタイミング〈臨界期〉があり、タイミングはごく幼い頃に訪れ、一度逃がしたら二度と訪れない。

『自閉症の脳を読み解く』テンプル・グランディン、リチャード・パネク共著

一九八〇年代末、ＵＣＬＡ医学部放射線科学科のロザリンド・ディートリッチらは、ＭＲＩ（磁気共鳴映像法）によって正常な子どもと発達に遅れがある子どもの脳を比較し、遅れがある子どもの脳は「ミエリン形成のパターンが未成熟」*であることを発見した。

『自閉症児イアンの物語』ラッセル・マーティン著

人間の反応には、遺伝子レベルですでに組みこまれているものもある。たとえば言葉を話すといった複雑な脳の活動は、遺伝に左右される部分が大きく、よほど異常な環境に置かれないかぎ

りゆがめられることはない。

『脳と心の地形図』リタ・カーター著

＊ミエリン…髄鞘

7　人が言葉を獲得する仕組み

自閉症の子ども達の親は、最初に言葉の発達が遅れると心配します（中には自閉症とは関係のない単なる言葉の遅れの子もありますが、その子は、理解言語は遅れていません）。

雑音の中から、声を聞き取る能力が育っていない乳幼児

身体と大脳皮質をつないでいる脳幹には、たくさんの機能があります。雑音の中から人の声を聞き取る機能も含まれます。脳幹が未発達の乳幼児は、機械音が聞こえているとお母さんの声を聞き取ることができなくて、それが言葉の学習を妨げたと考えました。

一つは、大人の自閉症の人は、雑音の中で人の声を聞き取る力が弱いことが分かっています（カクテルパーティ現象と言う）。それと同じで赤ちゃんは、連続的に聞こえる機械音の中では、お母さん

脳幹（間脳・中脳・橋・延髄）のしくみと位置

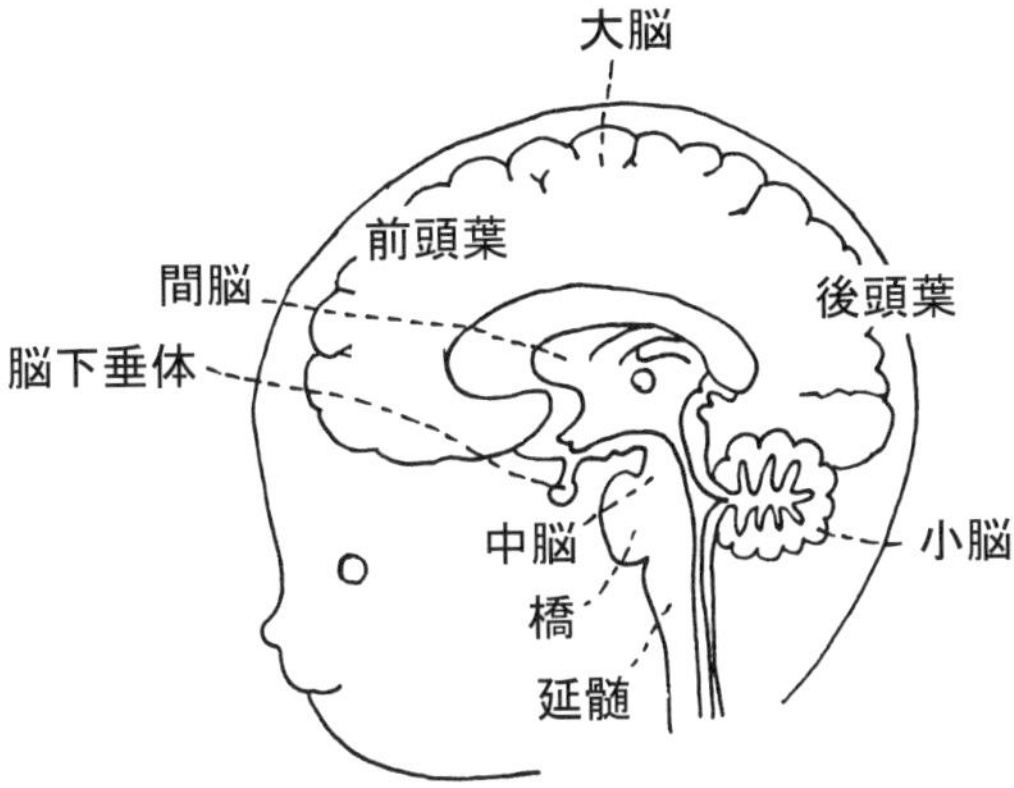

（浅野幸恵『問題行動と子どもの脳』より転載）

の声を聞き分けることが難しいでしょう。
もう一つは、長い時間聞こえている機械音のために、赤ちゃんは自分の発した喃語を自分で聞き取ることができません。それは声のフィードバックを絶つこととなり発語システムが発達しなかったと仮定できます。

赤ちゃんは自分の出した喃語が聞き取れないと喃語を出さなくなるのかもしれません。お母さんの手記には「喃語も出さなくなりました」と書いている人が時々あります。

『自閉症の脳を読み解く』には、ピッツバーグ大学学習研究開発センター、研究主幹ウォルター・シュナイダーの研究が報告されています。まとめると、
①赤ちゃんは、話し始める前に喃語をいっぱい話す。例えば「まー」という自分の発した言葉が、自分の耳から入って、脳の聴覚野に届く、その結

果、脳内で、「まー」と言う発語の運動野と、聴覚野との神経の接続ができる。それを繰り返して、神経線維が成長する。赤ちゃんは喃語を発しながら、自分の出した音を聞いて、声の出し方を学習する。

②それとは別に、赤ちゃんがママを見ている時に「ママよ」という声が脳の聴覚野に入って、視覚野と聴覚野に神経の接続ができる。

①と②が接続されると、赤ちゃんがママを見て、ママを呼ぼうと思い、発語のブローカ野から運動野の構音の部位の神経につながって、口から「ママ」と発語します。

子どもが一語文が話せる段階には、頭の中で①と②の神経の接続がいっぱいできて、一語文が口から出てくる。テンプルは、この一語文期に発達上の問題があって、「見ているもの」と「言っていること」の神経の接続が形成されなかった、とシュナイダーは書いています。

日本では、和多和宏准教授（北海道大学理学研究員）の研究があります。

和多は人と同じ発声システム（感覚運動システム）を持つソングバード、キンカチョウの脳研究を行いました。ソングバードと呼ばれる種は、人と同じように発声を学習する脳システムを持っています。ソングバードは親鳥の鳴き声を聞いて、その鳴き声を記憶します。次に実際に声を出してその声を耳から聞く。このフィードバックにより、自分の声を修正していきます。これを繰り返すことによって、徐々に親の声に近づいていくといいます。鳥の場合、このフィードバックがどこかで断たれると、発声ができなくなる。これは種を超えた共通の遺伝子発現制御システムだろうと書いています。

声のフィードバック　概略図

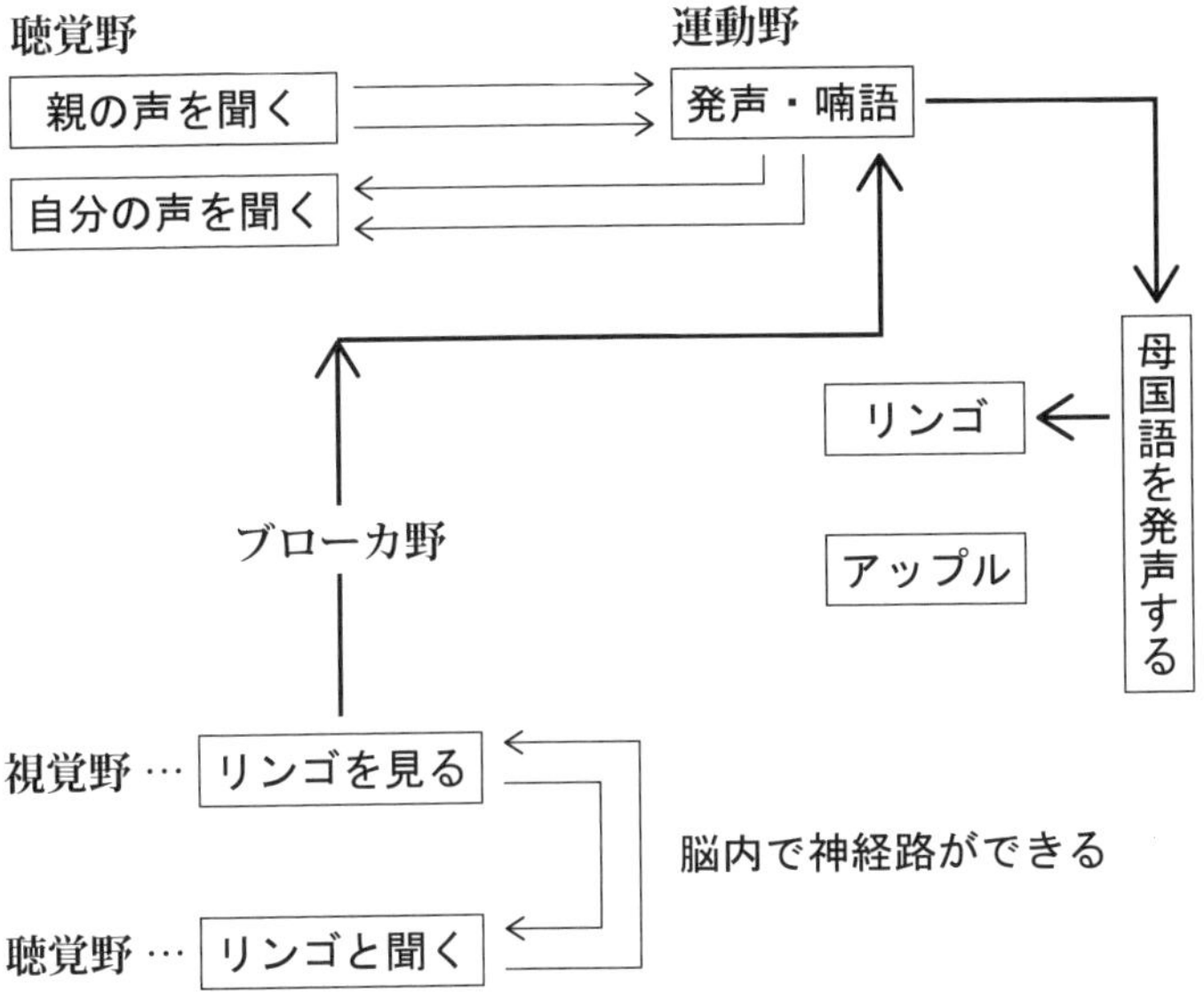

人が言葉を獲得する仕組み　概略図

子ども達は、遺伝子の支配を受けながら、環境からの刺激を受けて話すことを身につけます。言葉を話すという行為も「発声練習」によって習得されます。子ども達の喃語は、発声練習です。

子ども達は、日本人だから日本語を話すのではなく、日本語を聞いて、日本語の発声練習をして日本語を話し始めます。

この研究から、自閉症の子ども達の話せない原因の一つとして、私が立てた仮説のように、

1．お母さんの言葉が聞き取れない。

2．自分の発した喃語を聞き取れない。

という事態が起きていれば、発語の学習はできません。発語の遅れた幼児

が話し始める時に、構音の障害が多いことの原因もこの研究から考えられます。和多准教授の研究の結果は、ウォルター・シュナイダー主幹の主張とも一致しています。

8　構音の障害

いつも音楽やテレビなどの機械音が聞こえていると、赤ちゃんは自分の発した声（喃語）をしっかりと聞き取ることができません。すると赤ちゃんの脳の中で、自分の出した声と構音機構（喉・舌・顎・口）との神経がつながりません（声のフィードバックができません）。

そのことが構音機能の発達を損なう原因と考えられます。

幼児が話し始める時、赤ちゃんは自分の発した声（喃語）を聞いて、「マ」という音は、この喉・舌・顎・口の形で出すんだなと思い、これを繰り返して学習し、記憶します。それが母親から聞いて記憶した「ママだよ」という声と結びついて（神経が接続して）、ママを見て、運動野の構音機構（喉・舌・顎・口）へ指令が行き、喉や舌・顎・口が動いて「ママ」という発語になるということです。

もしも、赤ちゃんが喃語を発している時に機械音が聞こえていて、自分の発した声を聞き取ることができなかったら……。

脳内の構音機構と、自分の発した音が接続できないと、幼児が「ママ」と言いたいと思った時に

「ママ」と言えないでしょう。機械音とお母さんの声が等価に聞こえてしまうとしたら……それは、酒井邦嘉氏の言う、「話し声を聞き取ること」ができない状態と同じです。

テンプルは、頭に言葉が浮かんでも話せなかったと書いています。それは、ブローカ野と構音の運動野への接続が弱かった可能性が考えられます。

赤ちゃんがお母さんのマネをして「バナナ」と言おうとしても、バナナとは聞こえません。他の人には分からなくても、お母さんには、子どもが「バナナ」と言おうとしていることが分かります。あるいは言葉の頭文字しか言えない子もあります。それも、機械音を除いて総合療法（事例集参照）に取り組んでいると、自然に治っていきました。構音については、徐々に治っていくから、そのことにはお母さんは神経質にならないで、今は言葉の理解力を育てる努力をするようにアドバイスします。

9　科学的根拠を探る　浅野仮説

人間の歴史の中で、絶え間なく、長い時間、聴覚から刺激が入ってくるということは、1940年頃より前には、ないことでした。聴覚野へ大量の刺激が入ることは、形は人間として生まれても、機能的には未完成の人間として生まれた子ども達の脳の成長のバランスを崩す、と考えます。アメリカに移住しても、近代化を取り入れていないアーミッシュの人には自閉症がきわめて少ないことと、私たちが機械音を除くことによって、自閉症が改善している子ども達がいることは、大量の機械音が、自閉症の発症の原因の一つになり得る可能性を証明しています。

赤ちゃんの聴覚野に大量に入る音の刺激は、「遺伝子の指示に従って成長をしている脳幹の発達にトラブルを起こし、乳幼児の目の発達が遅れるという状態が起きた可能性」があります。目の機能の発達が遅れたことが、まぶしがる、笑わない、模倣をしない、人見知りをしない、非言語コミュニケーションの発達の遅れ、人の顔を覚えられないことといった自閉症の症状の原因となったと仮定しました。

同時に聴覚野では、大量に入ってくる音によって、

1. 聴覚野の異常な発達により、音に過敏になった。
2. 機械音が邪魔して赤ちゃんは、母親語（マザーリース）を聞き取れない。
3. 自分の出した声（喃語）を聞き取ることもできなかった。

そのことが言葉を理解できない、話せないことの原因となっているのだから、機械音を除けば、全体的に改善していったと考えました。

上記の1・2・3の事態は、酒井邦嘉氏の、

1. まわりの話し声を聞き取ったり、
2. 手話を見る能力があるかぎり、

子どもが言語を獲得することなしに成長することはほとんど起こりえないという、話すための条件

自閉症発症の概略図（浅野仮説）

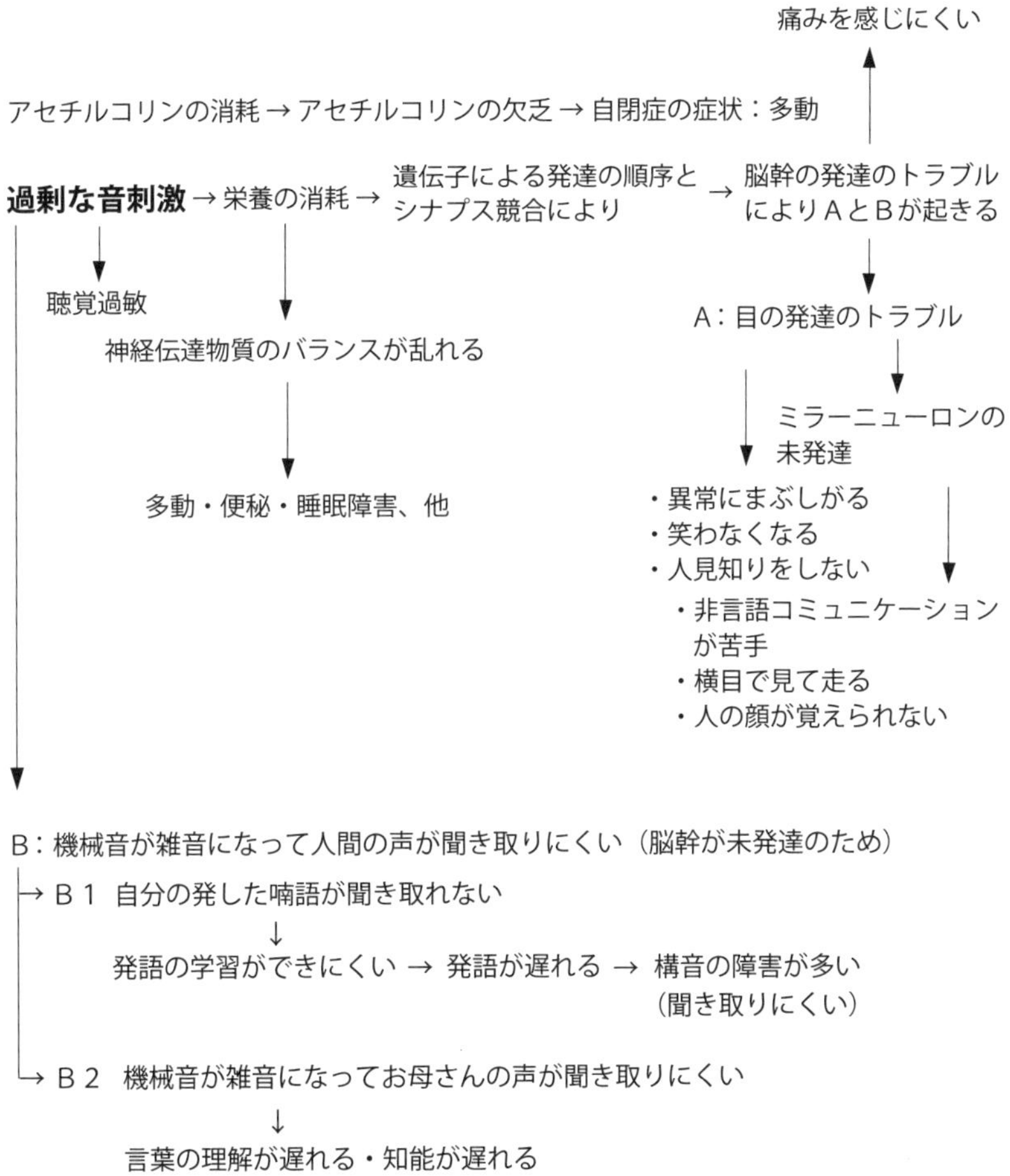

が満たされないことになります。聞こえない聴覚障害児は、声を出して話すことを自然には学習できません。子どもの難聴に早く気がつかないと、知能が遅れます。

目の発達が遅れ、遠視や斜視などで、はっきりと見えないことは、2の手話を見る能力があれば、という、酒井氏の言う話すための条件が揃わなかった、と言えます。

機械音が多いことが該当した子ども達は、「機械音を除く」という早期療育を行うと、症状は全体的に改善し始め、その後、症状が進行することはありませんでした。

早期療育によって、性格の範囲内くらいまでを目標にして改善していったという事例が記録されています。自閉症を発症した場合は、機械音は厳格に除く必要があります。岩佐はテレビを30分くらいならばと見せていると、せっかくの努力が無駄になると、長い経験から言っています。

自閉症は世界中で研究されていて、その研究を統合する時がきています。それには、学者だけでなく母親の知恵も必要です。子どものことには、母親の直感と知恵が働きます。テンプルの母親が、当時の児童精神医学よりも10年進んでいたと彼女が書いているように……。

過剰な機械音がある環境は、赤ちゃんにとって、よく見えない・よく聞こえないという状態をもたらして、結果、脳の成長の感受性期内に必要な刺激が入らず、多動や非言語コミュニケーションの発達の遅れもあり、将来、子どもが情緒障害や知的障害となる可能性があります。

10　赤ちゃんには静けさが大事です——専門家の声

専門家が「赤ちゃんには、静けさが大事です」という主張を始めています。

赤ちゃんがある音に集中するためには、おとなと違って、聞こうとする音とそれ以外の背景の音のあいだに、かなりの音量の差が必要なのです。（中略）聞くことと注意を向けること、このふたつの基礎的な能力は、あとのすべての学習に欠かせない力です。（中略）まず静かな環境をつくり上げることが何よりも肝心です。

『0～4歳　わが子の発達に合わせた1日30分間「語りかけ」育児』サリー・ウォード著

二歳半といえば、（中略）したがってこの時期までは、「この子は今、必死で進化の過程を歩んでいるのだ」と考えることが大切である。（中略）この時期の育児の仕方を誤ると、その子は一生ハンディを背負って生きて行かなくてはならなくなる。

『「赤ちゃん」の進化学』西原克成著

生後一年までの赤ちゃんは、それ以前、一〇ヵ月をすごした子宮のなかがそうだったように、静かな環境を好むものだ。しかし、実際の生活には、テレビ、ラジオ、テープレコーダー、ビデオなど〝音〟を発するものが、おびただしく入りこんでいる。こうした〝音〟の浸透が、赤ちゃんに対してどのように影響するかについては、研究としてはまだ憶測の域を出ていないが、私自身は、赤ちゃんと親をつなぐ本質的なシステムを壊してしまうのではないかと恐れている。

『乳児はなんでも知っている』サーゲイ・サンガー著

サンガー博士は、静けさの大事さに多くのページを割いています。

特に赤ちゃんは、生得的なプログラムをベースに日々生きていくための基本的な能力を身につけ、順々に発達しているのです。胎教や早期教育などで負担になりかねない刺激を与えると、かえってマイナスになることもあるのです。

『赤ちゃんと脳科学』小西行郎著

11　赤ちゃんは、進化中です

人間は生後の2年間に、その後の長い人生で学ぶ以上のことを学習すると言われるほど、急激な成長をします。2歳頃までに見えるようになり歩けるようになり、母国語を理解し話し始めます。

赤ちゃんの脳の成長の仕方は、大人の脳とは大きく違っていることを自覚することは、乳幼児の成長を考えるときにとても大切なことです。

赤ちゃんはまだ人として進化を続けている途中です。乳幼児期の脳は、人間社会で生きていくための機能を身につけるために、遺伝子の指示に従って成長しています。
新生児の脳は、脳幹から発達を始めます。発達の順序は、人類の進化の中で、引き継がれてきた遺伝子によります。

遺伝子の発現の順序と、生後の環境との相互作用によって、言葉や社会性などのコミュニケーション能力、人間社会で生きるための機能を獲得します。脳は機能ごとに感受性期があります。だから、遺伝子の発現と、環境がうまくマッチしなければなりません。人の赤ちゃんにとって、急激な環境の変化（音を連続的に出し続ける機械が発明されたこと）は脳の成長のバランスを崩し、そのために言葉を学習することができなかった。そのことが知能の発達を遅らせると考えます。

乳幼児の脳の発達とは髄鞘化することでもあり、髄鞘化には栄養が必要です。乳児期の脳に大量の機械音が届くこと、テレビやビデオがいつもついていること、長い時間、音楽が聞こえていることは、脳の栄養を大量に使い、そのために遺伝子の指示に従って発達している脳の成長にトラブルを起こすでしょう。

乳幼児期の脳には、弱肉強食というほど、よく使う所は、さらに強化され、使わない所は消去されるという、大人とは違ったシステムがあります（シナプス競合）。そのために、赤ちゃんの脳が遺伝子の指示に従って成長している時期に、大量の音が入力されることは、脳の成長を阻害する危険性があります。

聴覚は、生まれた時には、すでに発達していて脳まで音が届きます。赤ちゃんが眠っていても、音

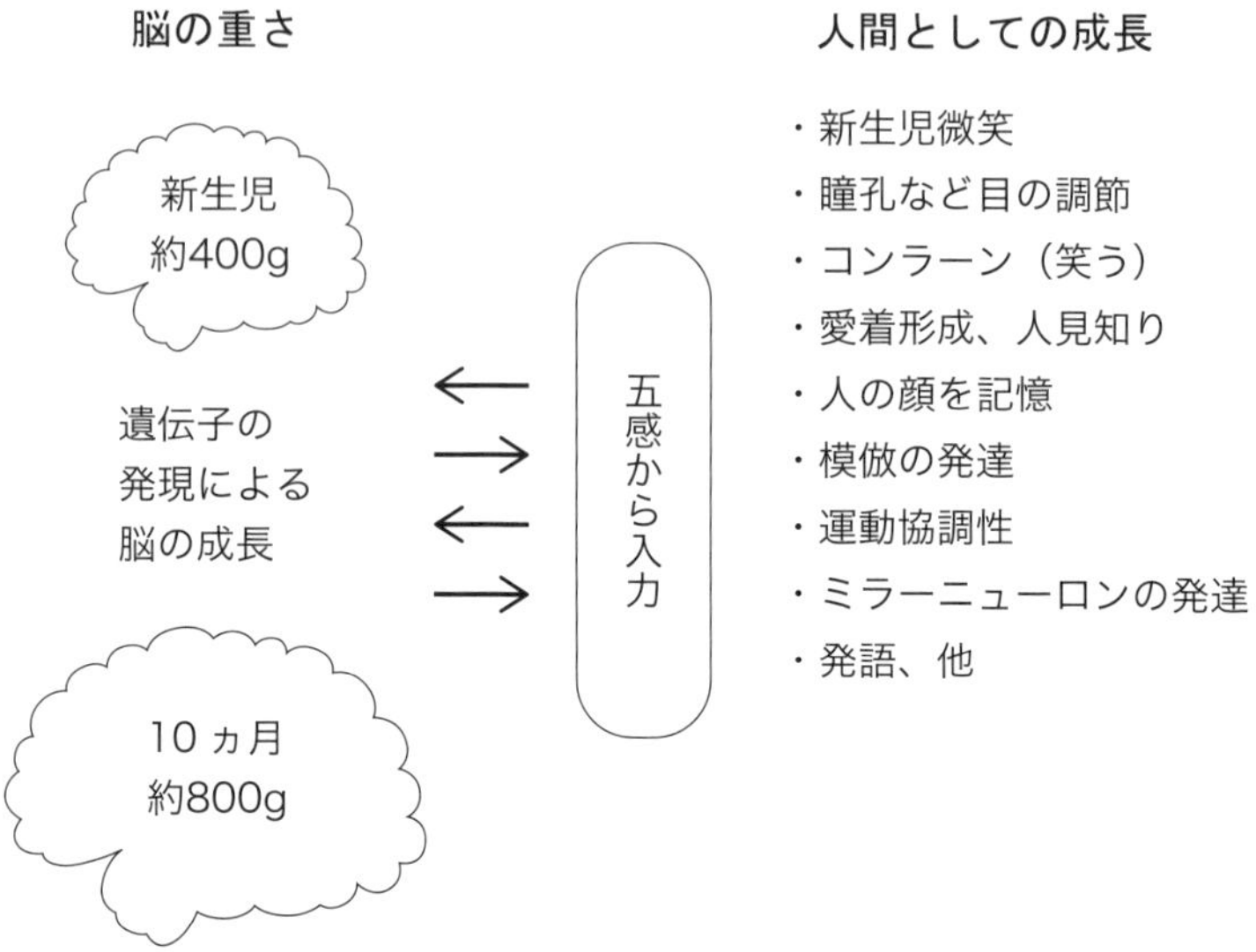

は脳に届いています。しかし、視覚は、やっと明暗が分かるくらいです。5歳頃までに成人レベルに発達します。

目の機能の調節は、脳幹の中脳で行われ、生まれてから発達します。

脳幹の発達のトラブルは見え方の発達を遅らせるでしょう。それが、異常にまぶしがる、笑わない、目が合わない、人見知りをしない、そしてミラーニューロンの発達が遅れる（非言語のコミュニケーションの学習ができない）ことといった自閉症児の症状の原因だと考えます。だから、脳幹を元気にして目の発達が回復すると、全ての症状が少しずつ自然に改善していきます。

目の調節

対光調節は、光の量に対して、瞳孔の調節をします。

ピントの調節は、毛様体筋が収縮したり伸びたりして、水晶体の厚さを調節して行います。
動眼神経は、ひとつの目に6本の神経があり、左右の神経は協調して動かねばなりません。動眼神経が協調して働かない時、斜視になり、ダブって見えたりぼやけたりします。横目で見る子どもがありますが、動眼神経の協調にトラブルがあると考えます。子どもはそのほうが見やすいと言います。

自閉症児のお母さんの記録に、「子どもは私を通り越して後ろを見ていました」という言葉があります。赤ちゃんの目は、水晶体の調節がまだできなくて、網膜上に焦点を結ぶことができません。網膜の後ろに焦点があり遠視です。赤ちゃんの遠視は、遠くも近くもハッキリと見えないと言います。

言語獲得の多段階仮説

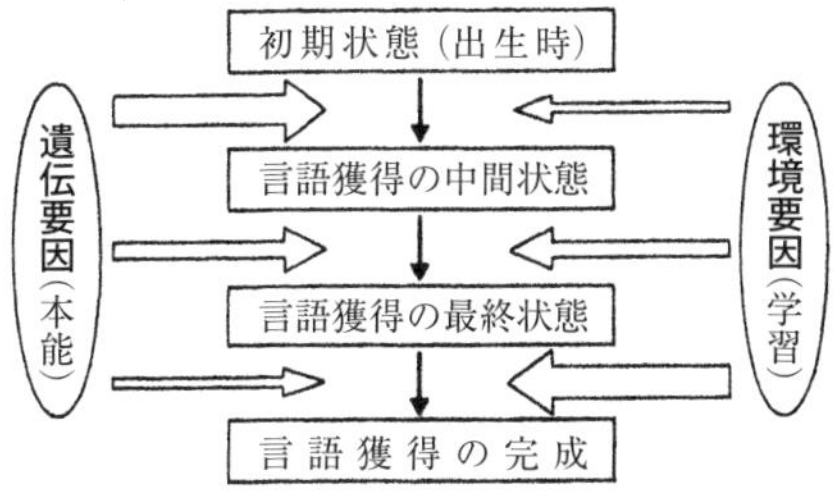

（酒井邦嘉『言語の脳科学』より転載）

大人には何でもない、「いつもテレビ・ビデオがついていた。音楽がかかっていて、赤ちゃんに音が聞こえている」ということは、まだよく見えない、コミュニケーション能力を身につけていない赤ちゃんには、とても危険なことと言えます。

言葉を学習するという高次機能は、生後に遺伝と環境との相互作用によって成長していきます。

12　多すぎる刺激は危険です

永江誠司著『教育と脳』には、次のようにも書かれています。

特定の機能を使うことによってその脳機能が伸びたとしても、その時に使われなかった機能の脳のシナプスが衰弱してしまうということもあるのです。（中略）ある特定の早期教育を行うことで、本来その時期に経験しておくことが必要な機能を使わなかったり、また必要な刺激を遮断してしまってその機能の伸長を阻んでしまうということが起こりうるのです。そのことが、正常な脳の発達を歪め、ひいては健全な能力と人格の発達を阻むことになる危険性があるのです。

以上の文章は、乳幼児が英語を長時間聞き流す危険はもちろんですが、私たちが問題提起をしている、「乳幼児に機械音が長い時間聞こえている」ということの危険性を証明していると言えます。

部屋に長い時間テレビがついていて、赤ちゃんに音が聞こえている、ということは、私たちは意識していないにもかかわらず、赤ちゃんの脳の特定の機能を繰り返し使っているということです。そのことが、乳幼児が、その時に本来、遺伝子によって育つべき脳のシステムを衰弱させる、ということになります。

本来、育つべき脳のシステムが衰弱した脳の機能は、自閉症児の症状から考えると、脳幹の複雑な機能である可能性があります。

13　遺伝学・生物学者の声「あえて言うなら、自閉症は環境要因が強い」

短期間に、これほどの遺伝子の異常が起きることはありえません。という主張が発表されました。

（黒田洋一郎・木村-黒田純子著『発達障害の原因と発症メカニズム』）

黒田洋一郎博士（環境脳神経科学情報センター代表）は同著で、「現在の進歩した医学・生物学の知識からすると（中略）、単純な『遺伝か、環境か』のレベルであえていえば、『自閉症は環境要因が強い』のである」と書いています。

しかし、黒田氏は、農薬など環境汚染が、自閉症の増加に関係していると主張しています。

『自閉症の脳を読み解く』には、下記のような研究が行われたという記載があります。

２０１２年、ノースカロライナ大学チャペルヒル校の研究チームによって、上の子が自閉症の、生後6ヵ月の乳児92人の、脳スキャンが行われました。その後、92人中28人が自閉症スペクトラム障害の行動基準に当てはまりました。

兄弟で自閉症になることがよくあるので、このような研究が行われたのだと考えられます。自閉症の発症に、環境要因が含まれると考えれば、同じ環境で育ったことが原因で、ともに自閉症になる可能性があります。

最初の子が自閉症の診断を受けた時に、「赤ちゃんには静けさが大事」というアドバイスができたら、兄弟が自閉症になることを、かなりの割合で防ぐことができると私は感じます。カウンセリングをしている時に、二人目の赤ちゃんが生まれたお母さんが何人もありますが、機械音を除いた環境では、赤ちゃんは早くからよく笑い、発語も早く、赤ちゃんが持つコミュニケーション能力に、どのお母さんも驚きます。

最近では、専門家の中には、「遺伝的な素因があったとしても、環境を整えれば、防ぐことができる可能性がある」という発言もあります。だから、自閉症の兄弟があるからと言って、将来を過度に心配しないでもいいと思います。

14 フランスの遺伝学者「実際に自閉症になるかどうかは、環境にも影響される」

2014年5月、東京の日仏会館でベルトラン・ジョルダン氏（フランスの遺伝学・分子生物学の専門家）により、「自閉症と遺伝」の講演が行われました。

その中で、「遺伝的要因だけが自閉症の原因ではありません。自閉症になる遺伝的可能性があっても、実際に自閉症になるかどうかは、環境にも影響されると思われます」と話しました。

ジョルダン氏の、「実際に自閉症になるかどうかは、環境にも影響される」という発言に注目すれば、自閉症の診断を受けた子ども達の成育環境を調査するなど、治療法の研究に結びついていきます。

しかし、講演会の後半に行われた討論会で、自閉症協会会長は「私の意見は、自閉症の発症は、先天的な要因が大きいということです」と発言しました。これでは、治療法は進歩しません。

この場に同席した日詰正文（厚生労働省の専門官）は「日本の研究でも自閉症になる割合は、1〜2％という結果が出ています」と発言しました。

この数字はなんと深刻な数字でしょうか。少子化が大きな問題になっている日本にとっては、大変なことです。

自閉症は連続体です。発語が遅かった幼児が急に話し出すことは多くあります。自閉症スペクトラムのアスペルガー症候群（非言語コミュニケーションが苦手）の子は、言語を獲得するための遺伝子に異常があるとは考えにくく、私がカウンセリングした子ども達のように、環境を整えれば、急激に言語が発達を始める事実は、「遺伝子が発現するための環境が整わなかった」と考えるのが自然です。

15　脳の新しい発見、ミラーニューロン

人間の脳に、ミラーニューロンがあることが1990年代にジャコモ・リゾラティ（神経生理学者）らにより、偶然の出来事によって発見されました。ミラーニューロンの機能は、他者の動作を観察している時に、脳内の神経が、自分が動いている時と同じような反応します。その機能が、人の気持ちを瞬時に理解することを可能にしています。

ミラーニューロンの機能には「他者の行為の意味の理解」があります。

例：BがAの行為を見ています。

他の人（A）の行為を見ると、見ている人（B）の脳内で、その行為を行う運動野が活性化します。その活性化によって、見た他の人（A）の気持ち、意味を、見ている人（B）は瞬時に理解できるのです。

ミラーニューロンの発見後、カリフォルニア大学の学者グループとスコットランドのセントアンドリュース大学の学者グループの2グループは、同じ時期に下記のように発表しました。

「自閉症の人は、ミラーニューロンの活動が低下していて、非言語コミュニケーションが苦手・模倣が苦手・共感の欠如・言語障害などの自閉症の特徴は、ミラーニューロン機能不全と同じである」

人の気持ちを理解する、ということは学習の積み重ねではなく、ミラーニューロンの機能でした。他の人の気持ちが理解できにくいという、アスペルガー症候群の子ども達は、ミラーニューロンの活動が低下していることが証明されました。

また、「自閉症スペクトラムの成人の脳では、健常者と比べて、ミラーニューロン領域が解剖学的に薄く、その薄さは自閉症の度合いと相関していた。そのため、自閉症は、ミラーニューロンの欠如によって生じる」という研究があります。

ミラーニューロン領域が薄い…………自閉症の症状が重い
ミラーニューロン領域が厚い…………自閉症の症状が軽い

私はミラーニューロンが薄いのは、生まれつきではなく、ミラーニューロンの感受性期に、適切な刺激が入力されなかったために成長できなかった可能性があると考えます。

ミラーニューロンシステムは、生後12ヵ月には発達していて、乳児が他者の行動を理解することを助けているといいます。下記のように生後10ヵ月の孫が私の表情を理解したことはミラーニューロンの成長と考えることができます。

生後10ヵ月の乳児は、すでに人の感情を読み取ることができました。どうして学習したのだろう？と思っていました。

やっと伝い歩きのできるようになった孫は、とても穏やかでした。怒られる、ということを理解しているのだろうか？　と思い、低い机に手をついて立っている孫に、私は怖い顔をして孫の顔をじっと見ました。

孫は、それまでの穏やかな表情をパッと変えて、不安そうな顔になり私をじっと見つめ、その後、横を向きました。しばらくして、また私の顔を見、まだ怖い顔をしている私を見て泣きそうになりました。孫がかわいそうになり実験は中止しました。

もう1人の孫は、すでに性格が違っていました。10ヵ月の女の子は、怒った顔の私をじっと見つめていましたが、突然、机の上にある物を激しく手で払い落としました。2人は生後10ヵ月に、すでに顔の表情を読み取り、自分らしく行動しました。それは学習ではなくて、ミラーニューロンの発達でした。人は生後10ヵ月で大まかな感情を読み取ります。

アスペルガー症候群の子どもは、定型発達の子より遅れて言語を獲得しますが、非言語のコミュニケーション能力は、なかなか獲得できません。それが社会性の障害となって不登校や引きこもる青少年の原因になります。仮説ですが、ミラーニューロンが発達する感受性期に、ミラーニューロンの成長に必要な視覚刺激が入らなかったことで、ミラーニューロンが充分に成長しなかったと考えます。流ちょうに話すアスペルガー症候群の子ども達が、非言語コミュニケーションの獲得が難しいのは、非言語コミュニケーションの感受性期は、言語の感受性期より早いからでしょう。

16　発達期の脳は、生後の環境によって構造が変わる

人間は、1歳前後に1週間、眼帯をするなどして（目を使わない）、光を遮断すると、遮断した目は、ほぼ永久的な弱視になりますが、4歳をすぎれば、同じ条件でも、永久的な弱視はほぼ起こりません。これは、大人と乳幼児の脳の成長の大きな違いといえるでしょう。

脳の視覚野のこの性質は、脳の他の機能にも応用できるだろうと言われます。聴覚野の音を聞き分けるのに必要な神経回路は、早い時期に刺激しないとすぐに委縮します（LとRの聞き分けなど）。

以上のことは、発達期の脳が「環境によって機能（構造）を変えやすい」ことを証明しています。この事から、大人の自閉症の方の脳の異常が、生まれた時から起きていたと決定することはできません。

ゼロ歳、1歳児の誤った育児は、一生涯、影響する可能性があるのです。逆に言えば、重い障害を持って生まれてきても、ゼロ歳のうちにその障害に気づけば、脳の可塑性によってかなりの程度回復する可能性があるのです。

17　折れ線型発症の謎に迫る

折れ線型の自閉症とは、1歳前後に発語やバイバイ・指さしがあり、定型発達の子のように育っていた赤ちゃんが、その後、言葉が消えたり、言葉が伸びず、多動やこだわりなど自閉症の症状が出てくる場合を指します。

1983（昭和58）年度の星野仁彦博士・福島学院大学大学院教授の研究（厚生省：発達神経学的にみた自閉症の予防と治療に関する研究、昭和58年度総括報告書）によると、疑わしい折れ線型を含めると、折れ線型の自閉症の発症は49％にもなりました。

福島県内、自閉症児142例中、協力者85例

折れ線型群　　33％

疑・折れ線型群　16％
非折れ線型群　51％

なぜ折れ線型に発症するのか？　その原因は分かっていないと言います。
星野医師は、折れ線型の発症は自閉症特有で、精神薄弱などには認められないと言います。私は、この事実こそが、自閉症を発症する子の中に、環境要因が関係している子がいることを証明していると考えます。折れ線型発症の子どもの成育環境を徹底的に調べれば、自閉症の発症原因の一つが見つかる可能性は高いでしょう。どれほど機械音に接していたかを調査して、この長い年月の問題に決着をつけるべきではないでしょうか？

私の経験では、カウンセリングした折れ線型に発症した子どもの多くは、1歳すぎからテレビやビデオ・音楽・英語教材などの機械音が多く聞こえていました。折れ線型に発症した幼児は機械音を除く総合療法を行って、回復が早い子が多い、と感じました。その子どもは、機械音を除いて聴覚野に入る刺激を減らし、脳を休ませ脳を元気にすれば、回復は早い傾向がありました。そして非言語コミュニケーションの障害も少ないように感じました。折れ線型に発症した子は非言語コミュニケーションに必要な、ミラーニューロンのシステムが育っていた可能性があります。

鍋倉淳一の論文「神経回路形成期におけるシナプス競合、脱落および再編成のメカニズムの解明」は、発達期にできていたことができなくなる、折れ線型の子ども達の発症のメカニズムであり得ると考えます。

発達期にはすでに機能しているシナプスの脱落があり、これは、神経回路活動依存性であり、競合するシナプス電位の差が4倍以上になると2日以内に弱いシナプスは除去される、という事が分かりました。発達期にはよく使う神経回路はますます発達し、使わない神経は退化するということです。

18　症状の改善が早い訳——栄養欠損による脳のトラブルだから

新生児や乳児の時期に多くの音にさらされることが、聴覚過敏の子が多いことの原因でもあり、音の処理に多くの栄養を使うことは、シナプスの競合が起き、人としてコミュニケーション能力を育てていくための機能の成長に、栄養欠損が起きたと考えます。

機械音が脳に入って使われていた栄養が、脳幹に補充されて、脳幹が発達して、神経伝達物質のバランスも改善され、その結果、急激に多動などの症状が改善されました。これが機械音を除くアドバイスで、多動などの症状が改善する理由だと考えます。

19　激しい多動が3ヵ月で改善

激しい多動は、お母さんを大変に困らせますが、その原因について書かれているのを私は読んだことがありません。

しかし、機械音を除くという総合療法を始めると、かなり早く、2～3ヵ月以内に、手をつないで歩けるようになり、激しい多動は収まります。お母さんは育てやすくなったと感じて大変喜びます。「刺激を少なくして、脳を休め、レシチンを与えると、かなり早く、多動は改善され始める」ということは事実です。その原因を考えていた時、脳の専門書で大脳基底核のトラブルについて、下記のことが書かれていました。それで、多動は神経伝達物資・アセチルコリンのトラブルが原因で起きているのだろうと考えました。

大脳基底核のアセチルコリンの活動が減少した時には、筋の緊張が低下し、運動は高進し活発になる。という記述がありました。アセチルコリン（神経伝達物質）の減少が多動と関連している可能性があります。聴覚野に入る音は、アセチルコリンを消耗すると言います。

岩佐も私も、治療に栄養補助食品を使います。前述したように主とするのはレシチン（リン脂質）です。アセチルコリンの原材料です。激しい多動も、かなり早くに改善される事実があるので、多動と神経伝達物質のアセチルコリンは関係があると思います。瞳孔の調節にアセチルコリンが機能します。子どもがまぶしがることにも関係しています。

発達障害の療育に関わっている先生方には、「多くの子ども達が、機械音を除いて自閉症の症状の多動が改善された」という事実を重く受け止めてほしいと願います。

20　新生児微笑は、ほぼ通過していました

山上雅子医師は、著書『自閉症児の初期発達』で自閉症の子ども達は、新生児微笑は何とか通過していた、と書いています。この結果は、自閉症の子ども達も、生まれてしばらくは、遺伝子は正しく働いていたと考えることができます。

人は新生児微笑の後、二つの目と口の作る三角形に反応して笑う、というシステム（コンラーン）があります。コンラーンも、赤ちゃんが生き延びるために、周囲の人に可愛がってもらうように遺伝子に受け継がれて、人間が身につけたシステムなのでしょう。

孫の宮参りは、暑い日が続いたので、遅れて生後2ヵ月ごろでした。その後の宴席でした。私が、座布団の上に寝かされた孫をよく見ようと、かがみ込んだ時、赤ちゃんはケラケラと、声を立てて笑いました。コンラーンを思い出した私は、何度も試しました。上のほうから、少しずつ顔を近づけ、50センチくらいに近づくと、赤ちゃんは満面の笑みを浮かべます。私が口を大きく開けると、赤ちゃんは声を立てて笑いました。何度も試したのですが、その度に同じ反応がありました。これこそがコンラーン、と思いました。私が顔を近づけて口を大きく開く度に、赤ちゃんが声を立てて笑ったのは不思議でした。とっても可愛く感じました。

コンラーンは反射で笑います。ところが、自閉症と診断された赤ちゃんは、生後の新生児微笑があり、その後も笑っていたのに、途中で笑わなくなる子が多くいます。岩佐は、この時が自閉症発症の

時だと考えています。

どうして、笑わなくなるのでしょうか？　私は二つの目と口、と言う三角形を認識できなくなったと考えました。お母さんの報告に「子どもの視線は、私を通り越して後ろを見ていた」、という表現があります。新生児の目は水晶体の調節がまだできなくて、網膜の後ろに焦点があり遠視です。遠くも近くもぼんやりとしか見えません。視力の発達など目の機能の発達にトラブルが起きて、認識できていた二つの目と口の三角形が認識できなくなったと考えます。


ある日、生後2ヵ月の赤ちゃんのお母さんから電話がありました。「2ヵ月の子どもですが、最近、笑わなくなり、まぶしがる、目が合わない、喃語がなくなり、抱きにくくなりました。心配でたまりません」と言われました。それらの症状が自閉症の初期の症状であることを、その時、私は、知っていましたが、産後間もないお母さんに、「自閉症の心配があります」と、伝えることはできませんでした。それでも「様子を見てください」と投げることも、したくありませんでした。

考えて、「何か機械音を赤ちゃんに聞かせていませんか？　テレビを長い時間つけているとか、音楽を流しているとか？」。お母さんは「クラシック音楽を流しています」とおっしゃいました。

これでこの赤ちゃんを救えるかも知れないと思いました。

「私たちは、機械音が乳幼児の脳を疲労させている、という仮説を立ててカウンセリングしています。これからは、機械音を除いて生活できますか？　赤ちゃんのために」と伝えました。そして、その後の経過を知らせていただけるようにお願いしました。私の著書『問題行動と子どもの脳』を読んで電話をいただいたので、すぐに理解をされました。

1ヵ月後に、「よく笑うようになりました」とお電話を、1年後には「今も順調です。現在も気をつけています」とお礼の手紙をいただきました。

生後2ヵ月から異常な症状が出ていれば、誰もが、生まれつきだと思うでしょう。しかし、遺伝子の異常が原因だったら、この赤ちゃんの環境を変えて、わずか1ヵ月で改善するという、急激な変化はありえません。この赤ちゃんの場合、聴覚野に使われていた大量の栄養が必要なくなり、脳幹への栄養がいきわたり、脳幹の成長が改善され、1ヵ月で脳が回復して症状がなくなった、という仮説を立てました。異常にまぶしがるということは脳幹の、瞳孔を調節する機能が充分に機能しないということです。大人が目にアセチルコリンの働きを阻害する目薬をさすと、瞳孔は光に反応しないのでまぶしくなります。だから、赤ちゃんが異常にまぶしがる、ということは、アセチルコリンが不足していると仮定できます。

21　笑顔が消えた時が自閉症の発症

赤ちゃんは8ヵ月頃に、人見知りが始まりますが、視力が発達しないと、人の顔を見分けることができないために、自閉症の子は人見知りをしないと考えます。その頃が人の顔を記憶する脳の感受性期であって、テンプルが書いている「私は人の顔を記憶することができません」という、人の顔を記憶する能力も育たない可能性があります。同じ頃、ミラーニューロンも発達し、非言語コミュニケーションの学習や模倣が上手になり、発語も、運動協調性も育っていくと考えます。

カウンセリングを始める時に、写真を数枚送ってもらいます。笑っている写真はほとんどなく、カメラ目線ができていません。しかし、写真の片方の目を隠して見ると、もう片方の目はカメラを見ています。動眼神経が協調して働いていないのではないかと思います。その子どもも、カウンセリングを始めた後、しばらくすると「笑うようになりました」、「カメラ目線ができるようになりました」とメールが入ります。目の調節ができるようになったのでしょう。

学習障害も自閉症スペクトラムですが、本を読むことができない子は、見え方が関係していることがあります。

赤ちゃんの目の発達

誕生時：不随意に眼球を動かす。生まれたばかりの赤ちゃんが見る物は、ぼやけて形も認識できない
生後5–6週：ある程度の固視が可能になる
生後2ヵ月：人や手の動きを目で追うようになる
3ヵ月：なんとなく形が認識できるほど、やや小さい物を目で追えるようになる。同時に、頭もその方向に動かすことができるようになる
4ヵ月：自分の手をじっと見つめたり、物に手を差し出す

5ヵ月：座っている範囲の物に頭を向け、それを見て探索する
6ヵ月：視力が0・1ほどになり、動く物にも反応するようになる
8ヵ月：人見知りをするようになる
2歳：視力が0・5くらいになる
3歳：視力0・6–0・7くらいになる。目の運動反射はさらに安定してくる
4歳：両眼視する視覚機能は完成に近づく。この年齢になると、目を使わないと、ある程度損なわれるが、消失することはない
5歳：視力1・0くらいになる
小学校6年生：視覚機能は完成し、容易なことでは、この機能が動揺しない

22　脳幹と目の機能、目が合わない・じっと見ることができない

東田さんは、「私は、大好きな桜をじっと見ることができません」と、言っています。テンプルは、目が、見えている物の動きを、何もかも追おうとする、私の目は、なめらかに動かないと言われた、「私はまわりの騒音が大きすぎると、聞き取りづらくなります。まわりで発生するありとあらゆる音と話し相手の声が、聞きわけられないのです」と、書いています。

成人の自閉症者は、雑音の中で、人の声を聞き取ることが難しい。視覚を使っていると、話を聞き取ることが難しい、一度に二つのことをするのが困難なことが知られています。

脳幹の中脳に、上丘・下丘があります。上丘は、目からの情報、下丘は聴覚からの情報の中継点であり、そこで様々な情報の修飾が行われます。上丘が使われると下丘の働きを抑制するなどの、複雑な機能があります。その上丘に固視細胞とサッケード細胞があります。上丘の損傷は、眼球運動失行といって、新しく出現した目標物に視線を固定できなくなると言います。私たちは見たいものを見るためには、脳の注意調節機構全体の支配を受けます。その経路の調節がうまくできないと、東田さんが言うように、じっと見ることができないでしょう。この事実は自閉症の発症が脳幹の成長にトラブルが起きたことを証明しています。

固視細胞：積極的に見るときに活動する

サッケード細胞：視覚入力に基づいてサッケード（新たな視覚刺激が発生した時に、視軸をその点に向ける急速な眼球運動）を引き起こす

目的に応じたサッケードや、固視をするには、大脳皮質や大脳基底核の成長が必要だと言われます。

23　テンプルの脳

「グランディン博士の頭は、どこを基準にしても大きく、自閉症の人の頭・脳のサイズ・発育が、平均より大きいことと一致する」と述べている。遺伝子のいくつもの誤作動が原因で、脳が

大きくなることもある。誤作動は、初期に神経が盛んに成長した結果として生じる場合がある。（中略）最新の推定では、自閉症の人のおよそ二〇パーセントがふつうの人より頭が大きい。（中略）そのわけはまったくわからない。

（中略）

自閉症の脳がこのように圧倒的に正常であることはよく見られ、決してめずらしくない。

『自閉症の脳を読み解く』テンプル・グランディン、リチャード・パネク共著

1. テンプルの脳の頭蓋骨の容量は、普通より大きく、左半球の白質も、15％ほど大きい。
2. テンプルの左脳には、大きな脳室がある。

テンプルの脳に関し、私は次のように考えます。

頭蓋骨が普通より大きいのは、乳児期に大量の刺激が入り、その刺激に応えて、脳を成長させて大きくなった。その時期、乳幼児は、聡明な表情になっていると思われます。

大きな脳室に関しては、毎日、乳児期に、大量の入力があったために、聴覚野の細胞が、聴覚過敏を起こしたり、細胞死を起こした可能性が考えられます。左脳に細胞死が起きた可能性は、偏食からも考えられます。自閉症スペクトラムの子ども達は偏食があって、その多くは野菜が食べられません。機械音を除いて、聴覚野へ入る刺激を減らすと、2～3ヵ月後には、徐々に野菜が食べられるようになります。細胞内にはカリウムが多く、細胞が壊れると、脳脊髄液中にカリウムが多くなりま

す。野菜はカリウムを多く含みます。聴覚野に隣接する味覚野が、その影響を受けて、子ども達が野菜を食べなくなる可能性が考えられます。

浅野仮説は、テンプルの脳の研究結果と一致します。

24　聴覚過敏児が多い

聴覚野に入った音刺激により、聴覚野が必要以上に発達して、聴覚過敏を起こしたと考えられます。自閉症児は聴覚過敏で、大きな音に耳をふさぐことがよくあります。テンプルは、特定の音に、まるで歯医者で歯を削られるような痛みを感じた、と書いています。別の女性は子どもの泣き声や叫び声が、耳の中を針金でひっかかれるように感じるという表現をしています。

『自閉症児イアンの物語』の主人公、イアンは、小学校の避難訓練のサイレンにパニックを起こし、耳をふさいで「たすけて、たすけて」と泣き叫びました。家に帰っても翌朝まで泣き止みませんでした。イアンも「たすけて！」と叫ぶほど音が痛みを伴っていたのでしょう。イアンは近所の犬の鳴き声にもパニックを起こし、そのために引っ越しをしたほどでした。イアンは、幼児期から、映画狂と書かれるほどビデオで映画を繰り返し見ていました。両親は、イアンが大好きなビデオが擦り切れないうちに、定期的にダビングをしました。ビデオデッキが故障して見られないと、パニックを起こすので、予備のビデオデッキを用意していたほどでした。イアンは、ビデオを見ることが、こだわりになっていました。

ある時、老婦人から「ビデオを見ているのがよくないのでは？」というアドバイスを受けましたが、イアンはビデオが見られないとパニックになるので両親はアドバイスを実行することができませんでした。両親の必死の努力にもかかわらず、イアンは重度の自閉症でした。イアンは学校に行きたい、と思っているのに、口から出る言葉は「がっこう、いかない」でした。いったい、脳の神経の接続はどうなっているのでしょうか？

保育所での食事の用意の時、食器のガチャガチャという音に、耳をふさいで床に座りこんだ3歳の男の子がいました。大きな音にパニックを起こす自閉症児は多くいます。この聴覚過敏も機械音を除くと、少しずつ改善されていきます。

25　寝つきが悪い、睡眠時間が短い

子どもに睡眠障害があると、お母さんは疲れきってしまいます。寝つきが悪いうえに、ちょっとした物音ですぐに起きてしまいます。原因に聴覚過敏や副交感系の神経伝達物質のアセチルコリンも関与していると考えられます。機械音を止めて、刺激を少なくし、脳を元気にするという療法で、睡眠障害も、かなり早くに改善していきます。

26　男の子が、数倍多い

自閉症スペクトラムに脳の栄養が関係していると考えると、自閉症に男の子が多い（約4対1）ことも、説明できる可能性があります。

女の子は、胎内では母親の女性ホルモンの中で、女の子としての成長を続けます。男の子は胎児期の、8週から20週にかけて、お母さんが大量の男性ホルモンを分泌して男の子の形が作られます。それは男性ホルモンのシャワーを浴びるようだと言われています。男の子は、もう一度、生後すぐから2ヵ月目をピークに4ヵ月まで、大量の男性ホルモンを、自分で合成・分泌し、脳を男性化します。男性ホルモンは主にコレステロールから合成されます。自閉症の発症に栄養が関与していると考えると、この男性ホルモンの分泌が、自閉症児には男の子が多いことと関係している可能性があります。

27　不随意運動――ピョンピョンはねる・手をひらひらする

自閉症の子がピョンピョンはねる、手をひらひらするなどすることがあります。自分がしたい動作ではなく不随意運動です。反射や、不随意運動のコントロールの機能が脳幹にあります。上位の脳（大脳皮質）が下位の脳（大脳基底核や脳幹）を抑制できないと、不随意運動が出ると言われています。これも脳が元気になればしなくなります。

28　前頭葉障害と痛みを感じにくい子

自閉症の子には「前頭葉障害がある」と言われますが、その原因は分かっていません。脳幹の中脳には、神経伝達物質の産生部位があります。その一つはＡ10神経集団と呼ばれ、ドーパミン作動神経細胞が多く存在し、神経線維が前頭葉へも走って、ドーパミンを産生し供給しています。注意欠陥多動性障害の子に、ドーパミンを増やす作用のある薬を与えることがあります。自閉症の子もＡ10神経の発達が悪いのかもしれません。

脳幹内には、痛み刺激に、強い興奮を示す部位があります。そして体の情報は脳幹を通過して脳へ届きます。自閉症の子どもには、自傷行為をする子、痛みを感じにくいと思う子どもがいます。私は、自傷行為があるのは、痛みを感じにくいからだと思いました。1〜3歳ならば、脳を休めて脳を元気にすると、自傷行為は減少しやがてしなくなります。痛みも感じるようになり転ぶと泣くようになります。

29　自閉症スペクトラムの子どもと機械音

アスペルガー症候群の場合、言葉が遅いと心配していた子が、急に話し始めることがあります。ある子の場合、その言葉は両親が話していた、なまりのある言葉ではなく、まるでアナウンサーが話しているような標準語でした。お母さんの手記には似たことが多く記録されています。

自閉症に関する様々な本から、生活の中のテレビ・音楽などの機械音について一部を紹介すると、

・発語は、ほぼ、コマーシャルのみ、視線は合わず、極端な偏食がある。
・学校で、たまに手をあげて発言すると、無関係なテレビのクイズ番組を言ってしまう。
・3歳、文字や数字、道路標識、アニメーションのビデオなどへの興味限局が目立つ。
・4から5歳の時、アニメーションの登場人物のセリフなどを、オウム返しに話していた。
・物ごころつかない頃から、クラシック音楽レコードを聞くことが大好きだった。
・2歳の時、童謡のレコードをプレゼントされてからは、目覚めてから寝つくまで、ステレオはフル回転していた。3歳児健診で自閉症と診断された。
・1歳半で、いくつかの交響曲を識別していた。
・1、2歳頃は、童謡をたくさん知っていて、上手に歌った。こんなに音楽が好きなら、音楽の勉強をさせてやろうと思った。
・テレビへの固執が目立つ、2歳で言葉が消える。
・テレビを見ていなくてもテレビを消すと怒った。
・1歳8ヵ月、名前を呼んでも返事をしなくなる。
・答えは、テレビのクイズ番組をマネしたようなものが多い。
・ミニカーを並べ、テレビへの執着があり、マークや商品名をよく知っている。コマーシャル、天気

予報が好き。

子ども達の脳には、両親とのコミュニケーションを通して言葉を学習したのではなく、ラジオやレコード・テレビ・CDなどから聞いた言葉が記憶されていました。記憶された言葉の意味は、あまり分かっていないでしょう。ラジオやテレビで聞いた言葉では、子どもの脳内では、聴覚野から、視覚野・前頭葉などへの神経のネットワーク接続は少ないでしょう。すると、言葉の意味が充分に分かりません。

30 家庭療育が必要です

脳の感受性期を逃さないで、早く定型発達に追いつくためには、毎日接しているお母さんが多くの時間を取って、子どもに指導する必要があります。

静かな環境の中で、ゆっくりと話しかけて子どもと関わってください。するとお母さんの声が子どもの脳にしっかりと届いて、言葉を覚えます。赤ちゃんは、雑音の中から人の声を聞き取る機能が弱いのです。

理論を説明すれば、どのお母さんも、すぐに取り組みを始めます。少しでも早く療育を行えば、効果は早いのです。療育関係者も、最新の情報を積極的に保護者に伝えてほしいと思います。家庭での療育を指導しないと、熱心なお母さんほど、子どもを治してもらおうと、治療施設をあちこち連れ歩き、家に帰るとテレビを見せているということもあります。

31　ヘレン・ケラーと言葉の発達

ヘレン・ケラーは1歳8ヵ月で視力と聴力を失いました。若いサリバン先生がヘレンの家庭教師に来たのはヘレンが6歳8ヵ月の時でした。サリバン先生は、物に名前があることを分からせたいと、ヘレンに物を触らせては、ヘレンの手に指文字を書き続けました。しかし、ヘレンには物に名前があることがなかなか分かりません。サリバン先生の血のにじむような努力と工夫によって、ヘレンの教育を始めて1ヵ月後、奇跡が起こるのです。

ヘレンは井戸のポンプの口から流れでる水を手に受け、サリバン先生はヘレンのもう片方の手に「WATER」と指文字をつづりました。ヘレンは何かに打たれたような表情になり「うおー」と叫んで、サリバン先生の手に「WATER」と書きました。それがヘレンが物に名前があることを知った瞬間でした。それから1年後、サリバン先生のつきっきりの指導があり、ヘレンは長い文章をつづれるようにまでなりました。

ヘレンが「うおー」（水、ウォーター）と言った言葉は、ヘレンが視力と聴力を失う前、聞こえなくなる前に言った言葉でした。ヘレンの脳の中に、触覚野の水の感触と、言語野のWATERという言葉と、構音機構への神経の接続が、まだ残っていたと考えられます。しかし、その時、耳の聞こえないヘレンには自分の発した声は、聞こえていません。

その後のヘレンの言葉の発達がすごいのは、ヘレンが聴力を失ったのが、1歳8ヵ月だったからではないでしょうか。生後、1年8ヵ月の間、聞こえて見えていた、脳の育ちがあったからだと思います。1歳8ヵ月までに非言語コミュニケーション能力が育っていたのでしょう。乳幼児期の脳の育ちの大切さを、ヘレンは教えてくれます。

32 自閉症ハイリスク児という考え方

カウンセリングを続ける中で、自閉症を発症した子ども達は、乳児期に、すでに症状があったことが分かりました。お母さんは育てにくさに気がついています。乳児期の症状をチェックすれば、言葉の発達の遅れがまだ分からなくても、1歳の時に自閉症スペクトラムのハイリスク児として早期療育に入ることができます。

自閉症には早期療育は特に効果があり、自閉症の症状が軽くなれば、症状も個性として自立し、時には才能を発揮して、生きていくことができるでしょう。次の乳児期のチェックリストを活用し、早期発見のために役立てるシステムを作りたいと考えています。

33 自閉症スペクトラム・乳児期の症状　0―1歳

自閉症と診断された子どものお母さんの報告から、乳児期（0歳から1歳）の症状を書き出しました。

乳児期のチェックリストとして使うことができます。

□1. 目が合わないと感じる。遠くを見ているような視線。

□2. 他の子より、まぶしがる。

□3. 子ども特有の、輝くような表情、視線が消える。

□4. 同年齢の子どもとの交流を嫌がる。

□5. 他人に関する反応が、ほかの子と、なんとなく違う。

□6. 身体につかまらないので抱きにくかった。

□7. あやしても笑わなかった。

□8. 呼んでも振り向かなかった。

□9. 微笑み返しをしなかった。

□10. 頑固な便秘であることが多い。

□11. 痛みを感じにくいと思った。

□12. 食べ物を手で口に持っていかない。スプーンを口に持っていかない。

□13. 普通、乳児はなんでも口に持っていくが、それがない。

□14. 指さし（ほしい物や関心のある物を指さすこと）を、10ヵ月から12ヵ月の間にしない。

□15. バイバイ、オツムテンテンなどの動作模倣をしない。

□16．一人でおかれても、母親を探そうとしない。
□17．発声をしないか、バラエティのある発声に乏しい。
□18．睡眠時間が短く、よく泣いて、気むずかしい。
□19．乳児期に、おとなしい育てやすい子だった。
□20．しっかりと物を握るだけの力がないこともあり、物を持たせると、すぐ落としたりする。
□21．かしこそうな顔つきをしていた。

以上のような症状がいくつか見られて、乳幼児のいる部屋で機械音が長時間していた場合には、直ちにその環境を改善すれば1～3ヵ月くらいでハイリスク児の子どもの多くの目が輝いてきて、目が合うようになるでしょう。そして子どもは機嫌がよくなり、育児がうんと楽になります。

乳児期に症状がたくさんあるほど、その後の自閉症度は重度となりました。折れ線型の子には、この時期の症状は、多くはありません。ほとんどない子もいます。

精神科医の星野仁彦氏の「自閉症児の早期徴候と折れ線型経過に関する報告」（厚生省：発達神経学的にみた自閉症の予防と治療に関する研究、昭和58年度研究総括報告書より）にも、自閉症児に出現しやすい早期徴候として27項目が定型発達児と比較して、表にされています。その表とほぼ同じでした。星野医師も自閉症はできる限り早期に発見し治療を行うことが大事で、早期に発見し、療育を行うための一助とするために早期の徴候を調査しました。

34　静けさは、発達障害の予防のためどの赤ちゃんにも大事です

「赤ちゃんには静かな環境が大切です」という情報は、自閉症スペクトラムの予防に役に立ちます。私は療育には機械音を厳格に除くように指導し、自動車のエンジン音や冷暖房や換気扇の音にも注意します。

テレビなどの時間は、予防には、あえて言うならば、4時間を超えない方が安全でしょう。赤ちゃんのベッドと音源を離したり、音量を小さくしたり、知っていれば、上手に利用する対策はたくさんあります。しかし、テレビをつけっぱなしにしていても、自閉症スペクトラムにならなかった子もいると聞いています。

静かな環境にして、ゆっくりと話しかけることは、どの赤ちゃんにも、障害がない子にも、障害がある子にも、とても良いことです。療育に関わっている方々が、お母さんに情報の提供をしてくださるように願っています。実行するかしないかは、ご両親が、さらに調べて決めるでしょう。「知りませんでした」と言って悔やまれるお母さんが多くありました。知っていれば気をつけます。少し気をつけていれば、言葉の遅れを防ぐことができ、症状が軽くなる可能性があります。

35　これから命を授かる赤ちゃんのために

友人が、初めての子を出産した娘さんに「テレビをつけっぱなしにしてはいけない」と注意した時、「誰だってしている」と娘さんは言い返しました。その赤ちゃんは、現在2歳、言葉は単語をいくつか言うくらいだと聞きました。若いお母さんの、このような考え方が自閉症の激増につながっているのかもしれません。2歳ならば、もう2語文が出ても良い年齢です。単なる言葉の遅れならいいのですが……。

しかし、中には赤ちゃんに良いことと思って、音楽や童謡・童話・英語を聞かせるお母さんもあります。

ある友人の場合、長男に男の子が生まれました。長男は地方に出張していましたが、孫が1歳6ヵ月の頃、近くに引っ越してきました。その時、発語はなく、つま先立ちや、くるくる回るくせがありました。心配した友人の助言は受け入れられませんでした。医師が「そんなことは迷信です」とお母さんに言いました。部屋には英語版のCDがたくさんありました。その子は、今は小学校の支援学級に通っています。

最近になって、自閉症児が1%という事態が分かるような気がします。自閉症の激増を止めなければなりません。

一人の母親として、専門家の先生方が機械音と赤ちゃんの成長について、理解してくださることを心から願っています。

広汎性発達障害ハイリスク児・チェックリスト・1─2歳（作成　あい子ども相談　浅野幸恵）

言葉について

□1．発語が1歳6ヵ月をすぎる。
□2．音には敏感な時と鈍感な時がある。
□3．名前を呼んでも反応しない、あるいは反応が鈍い。
□4．言葉の理解が悪く、言葉とそれが指示する物とを結び付けられない。
□5．発語はあるがオウム返しが多かったり、言葉が増えない。
□6．1歳半ごろに話していた言葉を話さなくなる。
□7．会話になりにくい（一方的に話す）。

人間関係について

□8．人見知りがまったくない。
□9．ほかの子どもへの関心がない・無視する。
□10．親がいなくても、平気でひとりでいる。
□11．べったりと親にくっつきすぎていることもある。
□12．相手をしていても、目線が合わないと思うことがある。
□13．親よりも、自分が興味のあるオモチャやテレビに関心を示す。

□14．ジェスチャーによる意思表示や指示をしない。または、ほかの子より遅れている。

運動・その他

□15．ボール遊びが下手。
□16．手のひらを自分の方に向けてバイバイをする。
□17．痛みを感じにくい子だと感じる。転んだり打ったりしても、あまり泣かない。
□18．同じ物への固執や、同じ行動を繰り返す。
□19．触覚刺激（くすぐりなど）に対して、過剰に反応する。
□20．つま先立ちで歩くことが多くある。
□21．大きな音、特定の音に、耳をふさぐことがある。パニックになることもある。
□22．1歳代には、ほぼ指さしを行わない。
□23．かかわりにくさをともなう多動傾向がある。
□24．躾けにくさを感じる。
□25．カンシャクの治まらなさが、ひどいと感じる。
□26．表情がかたくなって、あまり笑わなくなる（健常児に見るような、おだやかな表情がなくなる）。
□27．睡眠の異常（乳幼児にしては、睡眠時間が短く、夜泣きが多い）。
□28．年齢より利発そうに見えた（賢そうに見えるということも、なぜか1つの症状なのです）。

□29. 新しい環境に慣れにくい。
□30. かたいものだけで遊ぶ。

このチェックを行えば、かなり正確に広汎性発達障害ハイリスク児の可能性が分かります。自閉症の専門家のある医師は「早期療育の大切さを考えると、乳幼児期は疑わしきは対応するぐらいがいい」と考えています。心配な方は、少しでも早く機械音を除いてください。早期療育の大切な時期が過ぎていきます。

3ヵ月試せば分かる　総合療法の効果

総合療法の家庭療育1　(2–3歳から始める場合)

●チェックリストと機械音が聞こえていた時間の調査をします。

●該当する場合は、機械音を子どもの周囲から、完全に除きます(テレビ・ビデオ・DVD・オルゴール他)。30分くらいなら……と思っていると、なかなか言葉が増えません。

脳内に、人の声を認識して、声が意味することを考えるシステムを作ります。

今まで、機械音を処理するために使われた栄養が、脳の全体の発達を促し、その結果、笑顔が増え、多動・偏食・こだわり・パニックなどの症状が減少し、言葉も発達します(仮説)。

●寝ている時も、耳には音が聞こえ脳に届いていますから、注意をしてください。

●音の出るオモチャも2~3年は、しまいこみます。
●エンジン音も騒音です。数ヵ月は遠出を控えます。外出するなら近くの静かな場所が良い。
●脳の生物的なトラブルを修復し、脳の成長を促すためには、栄養を充分に補給することは、とても、大切です（分子整合精神医学）。
●しばらくは慣れた環境ですごし、症状が落ち着くのを待ちます。
●子どもの注意をこちらに向け、目を合わせて、ゆっくりと少し大きな声で話しかけましょう。注意を引くために、身体に触れたり、前にまわり声をかけること。子どもが今見ているもの、していることを話しかけます。目合わせは、非言語コミュニケーションの学習に大切です。
●オモチャを減らし、人と関わる時間を多く取るようにします。始めは短い言葉をかけ、やりとりを楽しみながら、言葉とコミュニケーションを教えます。
●脳の言葉を発する部位は、ブローカ野です。ミラーニューロンの機能も、模倣の機能もあり、模倣の力が育つと言葉が発達します。手をたたく・手を頭・ばんざい・バイバイ・うさぎピョンピョン・たぬきポンポコリンなどの動作・手遊び歌（大きな栗の木の下で・むすんでひらいて）などを楽しんで繰り返して遊びましょう。
●夜、部屋の明かりを消し、雨戸を閉めたり、厚手のカーテンで、部屋を暗くするとよく眠るようになります。暗くなると脳は、メラトニンという睡眠ホルモンを分泌します。
●脳が回復し始めると、記憶力がついて言葉が増えはじめ、できることも多くなります。
●総合療法を始めて、1ヵ月がすぎ、休息と栄養療法によって脳細胞の修復が進んだ頃には、応用行動分析（ヘレン・ケラーに行われた心理学）に取りかかりましょう。その中の偶発的教授法は、どのお母さんもなさっていることです。定型発達の子よりも何倍かの努力が必要で、時間との闘いでもあります。脳には感受性期があり、その時期はすぎやすく、ぐずぐずしている訳にはいきません。４歳になると言葉の発達は、ゆっくりになります。

●他に、生活・食事指導。

広汎性発達障害・総合療法の家庭療育２

総合療法は、脳に働きかける療法です。

●性格の範囲内までを目指すには、栄養補助食品が必要です。「テレビを消してから、半年経ちました」と相談にいらっしゃる方も多いのですが、機械音を除くだけでは、定型発達に追いつくほどの成長は難しいでしょう。総合療法を始めれば、事例のように1年間に、劇的な改善がありますが、まだアスペルガー症候群の特徴が残ります。

●やり取り遊び「ちょうだい」「どうぞ」と、「いないいないばー」に取り組み、楽しみます。ほかに、模倣遊び（まねっこ遊び）、コミュニケーションを楽しみます。

●ボール遊びに早くから取り組みましょう。大きな持ちやすいボールから始めます。お父さんが子どもの後ろに回り、手を持って待ちます。お母さんがボールを転がしたり、投げたりします。徐々に子どもは一人でつかみ、投げられるようになります。これは、脳内では目で見たボールの大きさ、速さを計算して、手に命令を下さなければなりません。とても、難しいことです。楽しく工夫してすすめましょう。2歳・3歳前半から始めれば、初めの3ヵ月に、症状がかなり改善され、とても育てやすくなります。言葉は1ヵ月もすれば増え始めます。

3ヵ月、試してください。子どもが育てやすく、可愛くなります。

総合療法の効果のある広汎性発達障害児ならば、3ヵ月で大きな変化があります。その後は2～3年かけて、性格の範囲内までの改善を目指します。

あい子ども相談　浅野幸恵　予防医学指導士

****

改善事例 44

****

激しい多動や奇声の多い子ども、言葉のまったくない子もありました。始めた年齢も症状も違います。性格の範囲内までの改善を目指して自閉症スペクトラムと戦った、お母さん方の努力の経過・メールとＦＡＸを、短くしてまとめました。

変わっていく我が子が嬉しくて涙したお母さんの声もあります。これから家庭療育に取り組むお母さんの役に立てていただきたいと願い、多くのページを割きました。

療育関係、自閉症研究に取り組む方には、広汎性発達障害の改善事例として役立てていただけることを願っています。『問題行動と子どもの脳』発刊後10年の記録です。

なお、子どもの個人名はすべて仮名です。

Yくん／2歳8ヵ月／H20年3月より総合療法開始
ブログのY君です。お母さんからは、とても、細かい報告をいただきました。キャサリン・モーリス著『わが子よ、声を聞かせて』のように、1冊の本ができるほどあります。下記は、ブログに載せた記録をもとにしています。

〈カウンセリング開始時の状況〉

＊健診や療育の経過：言葉は遅いと感じていたが、1歳半では少しずつ「どうじょ」、「パパ」など出始めていたので、気にしていなかった。本を見せても関心がなく、指さしもしなかった。医師に相談するも、「様子を見るように」と言われた。

＊療育の有無：指導なし、3歳まで様子を見ましょう。とのみ。

＊現在の状態（言葉）：「あああ」、「ううう」などの喃語だけ、「ここ」、「どーじょ」、「パパパ」は言うが、はっきりした発音ではなく、空気まじりの発音。

＊多動：かなりひどい状態。屋外で、じっとしていることは、ほとんどありません。スーパーでは、抱っこから下ろした瞬間からダッシュして走り出してしまう。

＊パニック：自分の思う通りにならない時、そっくり返って、頭を打ち付ける（散歩に行きたいのに、行けないとか、オモチャを取られた時など）。

＊偏食（食べない物）：野菜・牛乳。

＊好きなもの：ウインナー・麺類・果物・パン。

＊指さし、バイバイ：最近になってするように（2歳半）。

＊その他、困っていること：ちょっとしたことで、頭をたたきつけたり、そっくり返ること。高いところが好きなこと。

＊今後についての希望：言葉で、理解してもらいたい。

＊テレビやビデオの視聴：0歳〜1歳代は、ほとんど、日中はつけっぱなしでした。2歳代は、約7、8時間つけていた。

＊その他の機械音の有無：（英語のCDやクラシック音楽ともに）上の子のためにかけているが、Yも聞い

ていたことになる。

H20年3月5日　2歳半を過ぎ、さすがに、周りの友達とも差が出てきて心配になり受診したところ「発達障害があるのでは？」と言われ、検査待ち。4月下旬の予定です。

3月7日　テレビをつけないというのは、予想以上に大変なことですね！　ずっとYの相手をしているので、日中は、お返事を書くヒマもありませんでした。自分の遊びを邪魔されたり、中断されたりすると、ギャーと泣きわめいて、そっくり返って、頭を打ってしまうので、上の子とは、安心して遊ばせておくことができません。主人は帰りが遅く、全部私がやらなければならないので、体力的にも、とっても大変ですが、できる限りのことはしていくつもりです（そっくり返り防止に、犬の散歩やおつかいは、以前からオンブです）。

3月7日〔浅野〕　今は、とても大変ですね。でも、もう少しの辛抱です。テレビなど機械音を止めて、脳を休め、栄養素を摂ると、脳が落ちついてきて、多動がおさまってきます。パニックや自傷も、少しずつ減ります。偏食も治ってきます。言葉も、増えはじめます。

大変なのは数ヵ月ですから、お父さんや祖父母・お友達にも手伝ってもらえませんか？　しばらくは、食事も手抜きをしても。

1日に50回ものパニックや自傷行為（そっくり返って、頭を打つ）は大変です。大変だけど、数ヵ月待ってください。育てやすくなります。そして、2歳代から言葉も増えていくでしょう。

3月21日　以前より、だいぶ落ちついてきたように思います。時々、そのような場面に出くわすと、やはり、そっくり返ってしまいます。そっくり返った後に、しばらく、泣きわめいているのですが（以前は、1時間近くも泣き続け、抱っこしようにも嫌がって、もう、どうしようもなかったのですが）、最近は、手をさしのべると、泣きながらでも5分以内で寄ってくるようになりました。

3月27日　はじめ、2、3ヵ月くらいで落ちついてくるとのことでしたが、テレビを消して2～3週間で、以前より、だいぶ落ちついてきたように思います。以前と比べてYとつきあうコツも、つかめてきました。

・だいぶ目が合う回数が増えてきた。

・ぬいぐるみを抱っこして、優しくトントンしてあげるしぐさも、見られます。

・近所の子ども達の方へ、寄っていきます。

・あい変わらず、言葉は出ないのですが、喃語が増え、よく声を出しています。

4月10日　激しい多動が、かなり治まりました。

5月10日　目が合うようになった。言葉が増える。

5月18日　パニック一日なし。

5月　ここ1週間で、言葉・喃語に表情が出てきた！という感じです。かわいらしくなってきました！「ママ、どうぞ」「パパ、どうぞ」なども、ほぼできるようになりました！「目・鼻・口」では、ちょっと苦戦しています。まだ、教えている段階です。アシストしながら、続けてみます。言葉はまだまだですが、カメラを向けると、「ニー」とか「ピー」とか言いながら、ポーズを取るようになりました。少し前には、考えられなかったことです。こういった、ちょっとした成長が、支えになります。

6月10日　よく模倣をするようになる。言葉も増えているが、構音障害がひどい。

7月9日〔浅野〕　お母さんは、激しい多動がおさまってからは、毎日、記録をつけ、ファックスで送られてきます。その記録の抜粋です。

7月9日　この調子で良いとのこと、自信を持って取り組んでいけそうです。Yのような子は反応が分かりにくいので、これで良いのだろうか？　と親も心配になるのですが、浅野さんに相談することで安心できます。「目合わせ」は、「こっち見て」で見ますけれど、「1から10まで」は少し難しいです。指示を無視された時は、アシストして最後までやらせるようにしてみます。

浅野さんと病院のドクターとの違いは、障害のとらえ方だと思います。ドクターは、最初から、「生まれつきの障害で、治ることはない」との考えが根底にあるのではないでしょうか?

初診の時に、「Yの良い部分を伸ばしてあげるように」と言われました。では、遅れている言葉の部分は? あきらめろ、と言うこと? と思いました。それではやる気も起きません。浅野さんのように「治る」と信じて指導をして下さる方がいてこそ、毎日頑張っていけるというものです。

7月(3歳/4ヵ月後) 今の私にとっては、多動・自傷・パニックをほとんど起こさなくなったことが、精神的にも体力的にも本当に楽です。2歳の時、浅野さんの本に出会っていれば……非常に残念でなりませんが、あの頃の大変な日々を思えば、今は、どんなことにも耐える自信があります。

7月10日 目・鼻・口・頭・手・足を教える。「あけて!」は、100%言える。

8月1日 構音障害がわずかに治る。「ママ」が言えるように。

9月9日 上を理解し、「うえ」と言い、上を指さしました。2語文も出始めています。

9月(6ヵ月後) 言葉を61語も発語します。

10月中旬 2語文増加中。発音よくなってきている。

・「もういいかい」に対し「もういいよ」が言える。

・「うん」(いる・ほしい)「いらない」が言えるようになる。

・「みて! ママ」「来て! じい」。

・子どもに寄って行き話しかける(時には身振りで)。

・「高い」が分かる。

・「丸かいて」で、丸が書けるようになった。

・2段階の指示に従えた。

10月23日 散歩が楽しくて、なかなか帰りたがらない(1時間は歩いた)。

ママ「Yちゃん、お家かえろ!」Yくん「……」

ママ「Yちゃん、ごはんは?」Yくん「いらない」

ママ「いらないの?」Yくん「いらない」

ママ「じゃー、Yちゃんジュースは?」

Yくん「じゅちゅ?」と、こちらを見る。

ママ「ジュース飲む?」「ジュウス!」

Yくん「じゅーちゅー!!」と言って、やっと帰るモードになる！
何だか、初めて言葉を使って、会話が続いたような気がして、嬉しかった!!
10月27日 金魚鉢を指差して「金魚にご飯あげてね」と言ったら、本当にご飯粒が入っていた！ 情緒的にはとても安定していると感じる。（育児が）気持ち的にとても楽だ！
H21年1月 12月から恐怖症が、とてもひどい。対策・気をそらしたり、抱っこして安心させたり、注意をするといじける！ すねる！ パニックになる。たどたどしいけれど、言っていることはだいぶ分かるようになる。
4月（1年1ヵ月後）幼稚園の年少に入園する。**〔休みながら通園するように指導する、浅野〕**
うちは、リビングの大型テレビを早々に処分しましたので、テレビを見たくても見れないのは大丈夫ですが、最初の「シーンとした生活」に慣れるまでに、とっても大変でした。今は慣れてしまったので、平気になりました。

5月（1年2ヵ月後）
・「うそつき！」と言われて「うそつきじゃない」と反論した。
・「今日何したの？」、「ウーリップの花（手をお花の形にして）やったよー」。
・幼稚園、早めに迎えに行く。帰宅後すぐにお昼寝。
6月（1年3ヵ月後）
・なぜだか苦手だったユニクロ、全く平気。
・「○○の上に」、「○○の後ろに」が出るように！
・ぐずるし、反抗的だし、眠くなると手がつけられなくなる。
・遠足、下見をしたからか、パニックもぐずることもない。
・助詞が増える。「Yちゃんも歯が痛いの！」。
・「昨日・今日」という言葉が初めて出る。
・コミュニケーションが発達した！ と思う。
・気をつけていること：睡眠、栄養素は、しっかり摂る。
言葉で、やりとりができるようになった分、少しわがままな傾向が目立つ。5回に1回ぐらいは（かわいいわがままなら）Yの主張を優先するが、その他は、ダメと言ったら、ダメ！　という強い姿勢を崩さないようにする。

6月（4歳）　6月は色々な行事がありました。親子遠足・ミニ運動会・お誕生会。運動会はその場にいられるだけでも。もし、パニックになったら、パパに抱っこしてもらって見学だけでもと思っていたら、なんと！　入場行進も、ちゃんと並んで歩き、マイクの音（あんなに怖がっていたのに！）に、おかしくなることもなくダンスもみんなと一緒に踊っていました。ニコニコと！　Yは落ち着いて行動でき、全く目立たなかった！　もう、あまりの成長ぶりに、こちらがびっくりしてしまいました。まだまだ、マイペースな部分が目立ちます。例えば、自分の気がすすまないと、なかなか動こうとしなかったり、自分の思いが通らない時、へそを曲げたり、お兄ちゃんがいらないと言っているのに、おかまいなく渡そうとしたり。

振り返って〔浅野〕

H21年4月　言葉のキャッチボールを心がけている。スキンシップをたくさんとり、遊ぶ中で会話をかわす。「もっとちょうだい」、「いっこじゅっ」、「ままー見てーボール、キックー」。

5月　人に対して積極的になり、自分から寄って行き、話しかけることが多くなった。

6月　祖父母が「お話が上手になって、どんどん可愛くなるねー」と喜ぶ。

7月　カンシャクを起こすことがほとんどなく、話が通じていると実感する。

8月　今は、たくさんの感情や気持ちが、目を通して感じることができるようになった。

9月1日　こだわりがゼロに。

・多動、ほぼなし

・情緒安定し、性格の範囲内かな？

H22年2月15日〔浅野〕「機械音を除くということ」についてブログに投稿した所、あまりに反発がすごかったので、Y君のお母さんに、機械音のことと栄養補助食品について、「どう思いますか？」と問い合わせ、お返事をいただきました。

〈総合療法と機械音について〉

テレビを消したことで、Yは劇的に伸びたことを実感しています。テレビは音に加えて、映像という刺激が強い。Yのように、情報過多（特に雑音や視覚からの情報が強い）の中で生きているような子は、頭の中はテレビの情報でいっぱいになってしまいます。だから、テレビを消すことで、こちらの話を聞き入れられるようになり、そこでコミュニケーション能力が伸びたとも感じています。目を合わすことが苦手な子ですから、目合わせは常に意識しています。ただ雑音や人ごみという、Yにとって好ましくないと思われた、幼稚園という環境で伸びたことも事実です。ある程度、言葉によるコミュニケーションが取れるようになったなら、もしかしたら、集団という環境は伸びるのかもしれません。浅野さんに出会い、テレビを消し、総合療法を行ったことで（ＡＢＡ〈応用行動分析心理学の技法〉を含む）今のYがあると思っています。

〈近況報告〉（8歳3ヵ月）

療育が終わりました。

現在、小学2年生、普通学級に入学しています（入学時健診は問題ありませんでした）。H25年10月25日の心理検査の結果、療育は終了になりました。進路の先生の評価の一部では、聴力的ワーキングメモリーが弱いが、強みとなる能力は、言語の理解力、聴覚的刺激を早く理解する力、と出ていました。言葉の理解が進み、会話をしていても楽しいです。

ママ「Yちゃん、大きくなったらママと結婚してくれる？」

Y「ハッ……？　ママはパパと結婚したんでしょ！　それに、俺が大きくなったら、ママ、おばあちゃんじゃん！」

ママ「そんなにおばあさんには、なってないよ!!」

Yは、笑いながら「そっかー！　ごめんごめん」などなど。

10月の運動会も、クラスのお友達と、かけっこやボール転がし、ダンスなど参加していました。その後、書いた作文には膝が痛くて苦しかったけど、家族の人に喜んでもらいたくて我慢しましたと書いていました。

H28年1月　Yも春から小学5年生になります。登校班は副班長、高学年になるとやらなければならないことも多いので、心配は尽きませんが、いつでも、Yの力になり、できるところは支援していくつもりです！　成績は真ん中くらいです。苦手な漢字にもコツコツ取り組んでいます。図工と理科が好きなようです！

（年賀状より）

＊＊＊

Kくん／H18年4月／2歳10ヵ月より開始

H18年4月　初めての電話を受ける。「飛行機で、カウンセリングに行きたい」と言われましたが、Kくんに遠出は良くないと止めました。発語なし、すぐに「ちょうだい」、「あけて」を教えるように言うこと、電話・FAX・手紙で指導を始める。

4月〔浅野FAX〕　さあ！　今から、ねじりハチマキで頑張りましょう！　発語に関する脳のブローカ野は、模倣にも働きます。模倣がどんどんできるようになると、言葉も多く出ます。模倣するためには、しっかり見ないとできません。目と目を合わせること、「Kくん、こっち見て」と呼びかけ、見つめ返してきたら褒めます。何を褒めたか分かるように「お母さんの目を見たね。おりこうね」と伝え、見ない時は、お母さんが目の前に行って目を合わせます。一日に何度も行って、「こっち見て」と言わなくても、「Kくん」と名前を呼べば見るようになるようにまで続けます。

しばらく、大好きなお菓子や食べ物を与えないで、「とってもほしい！」と思っている頃に、お菓子を見せて「ちょうだい」と言うようにうながします。オウム返しができているので、言えると思います。お菓子の場合は、ほんの少しだけ与えて、食べ終わったら、また「ちょうだい」と言うようにうながします。きちんと言えなくて「ちょ……」だけでも褒めます。

H18年5月〔浅野〕　発達の始めは、特にムラがあります。しかし、昨日「あけて」と言えたなら、今日も同じような環境を作りましょう。目につきやすいところに、同じ箱を置き、気づくように話しかけてください。色々な箱の中に、大好きなオモチャを入れて、自分では開けられないようにしておきます。時にはお菓子でも良いでしょう。一日に何回も、色々な箱で誘導しても言わない時は、プロンプト（手助け）します。「あけて、と言ってごらん」あるいは、「あ・け・て」と、ゆっくりと言います。今は、知恵比べ、ゲームのように楽しみながら、やりすぎに気をつけながら。

6月（2ヵ月後）　もうすぐ3歳になるので、あせっていたように思います。先生の言われるように、始めはおだやかに進んでいきたいと思います。子どもの成長に合わせて、子育てを楽しみながら、厳しく、優しく、接していくようにします。浅野先生と出会い、いろいろ教えていただいて、まったく知らなかった世界を知り、今は、前向きに勉強して、忙しい日ではありますが、感謝の日々です。Kは表情が豊かになり、本を読んでもらいたい時は、その本を持って、「どうぞ、読んで、ちゃんこ」と言って、待つようにもなりました。一つ一つが喜びです。最近、指さしも増え、オウム返しも増えて、色（赤・青・黄色・黒）を、はっきり言えるようになりました。今は犬・猫・パンダ・キリンなど、指をさして言えるようになりました。下の子をできるだけ私の両親にお願いして、Kと、1対1で接するようにしました。

H19月8月（1年4ヵ月後／お母さんの手紙）

Kも、4歳になりました。昨年の4月に、浅野先生の本に巡り合い、お話も聞いて頂き、本当に救われた思いで、希望が持てたことに感謝しております。さて、地元の療育機関に、週1回通いながら、半年に1度発達検査をしてもらっています。先日、4回分の検査結果をコピーして頂くことができました。浅野先生にも見て頂きたくて、同封いたしました。2歳3ヵ月の時と比べると、特に発語と言語理解が伸びているようです。先生いわく「月齢とともに、こんなに成長することはないのです。Kくんすごいです」

発達検査の結果

	2歳4ヵ月時	4歳時
言葉	10ヵ月半	3歳6ヵ月
言語理解	1歳6ヵ月	3歳4ヵ月
対人関係	1歳3ヵ月	3歳8ヵ月

お母さんからの報告（まとめ）

H18年4月　2歳10ヵ月よりカウンセリング開始、言葉はオウム返しのみ。

8月（3歳2ヵ月）　2語文が少し出る。ゆっくりと話すこと、後ろから話しかけないことに注意。

H19年1月　3語文がいっぱい出ている。1日3時間保育所へ行く。

5月　昨年から指導を受けている大学教授に「こんなに進歩するとは！」と、びっくりされた！　教授の指導は、1時間のうち、かなりの部分が発達検査で、パニックの対処などで具体的な指導は、あまりない。

8月　カウンセリングを始めて1年4ヵ月、生活年齢4歳2ヵ月。日常会話には、ほとんど不自由しないほどです。質問もするし、感情の共感もできているようです。

H22年4月　地元の小学校、普通学級へ入学する！

H22年5月14日　お母さんの手紙

「小学校へ入学しました！」

Kの発達障害がはっきりした時から、「発達障害」って何⁉　から始まり、何をどう調べてよいかも分からずにいた4年前が昨日のことのようです。それまで、インターネットなどしたことがありませんでした。でも、今、わが子に何が起きているのかを知るために、無我夢中でインターネットを覚えました。画面上に出てくる文字は、絶望的なものばかり。「脳の病気なので、治ることはない」とか、「問題行動は若干良くなるが、病気そのものは治らない」。

また、発達障害児をかかえた家族の会や、発達障害児への支援機関などは、「治らない」を前提にしているものばかりでした。その時の私は、治らないという情報は、今の私には必要なし！　と思い、どれも受け入れることができず「発達障害は良くなる！」と信じ、インターネットを毎晩夜中まで、ずっと徘徊し続けたのです。

その中で「早期発見、早期治療で発達障害は良くなる」の浅野先生のホームページにたどりついたのです。すぐに浅野先生の出された『問題行動と子どもの脳』を購入、何度も何度も読みました。そして、この先生なら私の子どもが治るかも！　と思い、直接、電話を入れました。浅野先生から、本当にたくさんのことを教えて頂きました。機械音・脳の栄養・親としての接し方や子どもの受け入れ方など、たくさんあります。本も『わが子よ、声を聞かせて』、『自閉症を克服する』『ヘレン・ケラーはどう教育されたか』など、教えて頂いた本は、すぐに取り寄せ、むさぼるようにして夜も寝ないで読みました。Kの言葉が出るようになるまで、親子で泣きながら、心で必死に祈り、一緒の時間を過ごしました。何もせず後悔するより、親として、今できることはないかと、常に模索する中、浅野先生に、本当に助けて頂きました。

今年、小学校に入学し、元気に普通学級に通っています。あの時に、浅野先生に出会えていなければ、今のKのすがたはないと、確信します。小学校でも、本当に素直で、優しい子だとほめて頂きます。まだ、若干、違和感を感じるところが時々ありますが、攻撃性などはなく、家庭の中においては困ることはありません。

ちまたには、子育て支援や、療育機関、また、発達障害の専門と言われる先生がいらっしゃいますが、浅野先生が教えてくださるようなことは、一切教えてくれません。「様子を見ましょう」の言葉で、私は半年間を本当に無駄にしてしまいました。とにかく現在も、今できることを、懸命にと思い努力しております。

＊＊＊

佐藤テツオくん／2歳4ヵ月／H18年6月よりカウンセリング開始

2歳3ヵ月　保健センターにて広汎性発達障害と診断されました。

H18年6月　お母さんより、まだ、テレビを消して3日目ですが、いままで出てこなかった言葉が、いくつか出るようになりました。近くの親戚の結婚式に、家族で出席するのですが、テツオも行って大丈夫ですか？　なるべく外や控室にいるつもりですが……。あと、毎週サークルなどがあるのですが、今は行かない方が良いでしょうか？　それと「29日に、作業療法のリハビリがあります」と連絡をもらっていますが、行っても良いですか？　ご指導のほど、よろしくお願いします。

6月19日〔浅野〕　すぐに改善が始まる子はその後の回復が良いので、楽しみにして頑張りましょう。しばらくは、教えることはあせらないで、静かな環境を作ります。結婚式では音楽が大きな音でかかります。その時は外に出るようにしてください。そうして楽しい経験ができると良いですね。サークルは2、3ヵ月休んで、もう少し言葉が出るのを待ちましょう。お母さんのストレスは、お友達や実家のお母さんに助けてもらいましょう。療育のリハビリは上手に活用してください。お母さんにも良くなることが分かっていただけたと思いますが、定型発達に追いつくことと、社会性の障害を残さないようにすることを目標にしましょう。

〔浅野〕　お母さんには、気がついたことを書きとめていただくようにお願いしました。1週間分をまとめてFAXで送ってもらい、そちらを見ながら電話でカウンセリングをしたため、指導内容の資料が残っていない。

6月16日　ご飯を見て「ごはん、ごはん」と催促した。

20日　本を見ていて「これは何？」と聞いたら「トーマス」、「ゴードン」、「ジェームス」と、答えが合っていた。

21日　大きいボールをキャッチできるようになった。

外で、飛行機が飛んでいたら、今まで、一度も見なかったのに、今日は見えなくなるまで見ていた。
28日 散歩をしている時、手をつないで歩いてくれるようになった。
29日 「ごはん、食べる」、「お茶、食べる」と2語文が出てきた。物の名前や、本の中に出てくる人物の名前などを教えると、以前は、何度教えても覚えなかったが、最近は、よく覚えるようになった。
〔浅野FAX〕 順調に発達を始めました。言葉だけでなく、人に対する関心が出てきたこと、呼んで来るようになったこと、そういうことが大切です。子ども同士で身体を接近させるように心がけてください。模倣する脳と、言葉を発する脳は、ブローカ野と言って同じところです。模倣遊びをいっぱい取り入れ、繰り返しましょう。

新しい言葉が出た時は、いつでも、言えるように(身につくように)その言葉を言う状況を作るようにします。それができたら、次の目標に移ります。

大きいボールでキャッチボールができたら、ボールを少しずつ小さくします。新しい課題の時は、手を取って、手助けしてください。失敗を繰り返さないようにします。子どもの心が傷つきます。

記憶する力がついてきたのは、脳の働きが、良くなったのでしょう。2、3ヵ月間は、この調子で進めましょう。

多動が気になりますが、激しい多動は早くに治ります。少しの多動はわずかに残りやすく、ADHD(注意欠陥多動性障害)と言われます。
6月30日 「ちょうだい」と言える。「チューリップ」や「ぞうさん」など自分から歌えるようになった。
7月8日 おばあちゃんに預けると、泣きわめいていたが、最近は、おとなしく待てる。
10日 本を見ていて、分からない物があると「これは?」と言って指をさすようになった。
16日 同じくらいの子どもと、ずいぶん遊べるようになった。
24日 「おかあさん、見てー」、「ブーブ、あか」、「ブーブ、あお」と言える。おんぶが好きになり、長い時間でも、つかまっていられるようになった。

24日〔浅野〕　質問をするようになったことは進歩です。「これは何？　と、お父さんに聞いてごらん！」などとテツオくんに声をかけて、「質問する」ことを伸ばしましょう。また、テツオくんが言える言葉の範囲内で、言葉のキャッチボールを楽しみましょう。イヌ→ワンワン、ブタ→ブーブーなどの遊びは良い。歌うようにリズムをとって！　「言ってごらん！」と言いながら、模倣をさせて、新しい言葉を増やしていますか？　今年一年で、精神年齢を2歳分、上げたいと考えています。

7月28日　友達と遊んでいると、友達のすることを見て、マネをする。

8月7日　「これはだれ？」と、自分を指されると「テツオ」と答えることができる。

8月9日　友達と遊んで、自分より小さい子には「よしよし」と言って頭をなでて、チュッとする。

8月23日（2ヵ月後）　友達の名前を、すぐに覚えるようになった。

9月3日　「ママ、おやつ、おせんべい、ちょうだい」とほしい物の名前を、ちゃんと言って要求する。

9月10日　年上の子が、テツオのオモチャを全部取ってしまったら、テツオは自分より小さい子のオモチャを全部、取ってしまった。

9月18日　家族でご飯を食べに行ったら、興奮して、お座敷を走り回っていた。この多動なところが治るか心配！

9月〔浅野〕　応用行動分析の環境教授法を学習して、少しずつ実行するようにと指導する。誰かがそばにいて、ゆっくりと話しかけたり、テツオくんの言うことに、答えたり、していること、見ている物を、言葉にして言ってあげる。時には「言ってごらん！」と言い、新しい言葉を教える。覚える力がついてきているので、これから、ぐんぐんと覚えていくでしょう。

家族、友達、従妹、隣人、いろいろな人とのコミュニケーションを体験させましょう。今は、お母さんとのコミュニケーションを通して、人とふれあう楽しさ、思いやりも覚えていきます。おじいちゃん、おばあちゃんとの同居は、テツオ君の成長にはとっても良いです。非言語のコミュニケーションも苦手です。早くから感情を表す言葉を、心がけて使うようにします。うれしい・たのしい・かなしい・さびしい・腹が立つ・可笑しい・こわい・好き・きらい・がっかり・ゆかい・ふゆかい・うらやましい、反対語とセットで覚えましょう。

9月23日「テツオくん、いくつ?」と聞くと、「ふたつ」と指で示すことができるようになった。

10月11日 少し前まで、従妹の持っているおもちゃなどを、全部取り上げてしまっていたが、最近は、自分のほしいもの以外は、取らなくなった。

10月20日（3ヵ月後） サークルで、お友達の青いボールがほしくなったら、以前は、勝手に取ってしまったりしていたが、今日は、私に「ママ、青いボールちょうだい」と、言いに来た。

10月22日「おねえちゃん、どうしたの? だいじょうぶ?」、「ママ、いちごのクリームがいい」、「大きいじいちゃん! 帰るね、また来るね」、「ママー、いっしょに滑り台しようよー」などと言う。

11月5日 私が「ねー、テツくん」と呼ぶと、以前はオウム返しをしていたが、最近は「うん、なに?」と、会話になってきた。

11月15日 サークルの絵本の読み聞かせを、今日は自分から寄っていき、座って話を聞いていて、びっくりした。

12月16日（5ヵ月後） 家族みんなの名前を聞くと、全部答えられるようになった。長い・短いが、分かってきた。

12月（2歳10ヵ月）**〔浅野〕**「自分でやる!」という時期が来ましたね、成長の一つです。できるだけ、やらせてあげましょう。そして、ほめて自信を持たせてあげてください。

お手伝いの難度を、少しずつ上げていきましょう。知恵がつきます。

記憶力も育っています。どんどん伸びるでしょう! クリスマスですが、音の出るオモチャにご用心! オモチャを増やさないで、人とのやり取りの中で、遊ぶようにしましょう。これから、助詞の種類を増やし、形容詞と動詞を反対語と組んで教える。

頑張ってほしい時には、ごほうびを考えましょう。ごほうびはエンジンみたいなものです。

12月31日（6ヵ月後） ずいぶん落ち着いて、自分で食べられるようになった。

H19年1月1日 ご飯を食べ残すと「ママ、食べれない、ごちそうさまする」と言い、全部食べたら、「ママ、全部食べたよー、ごちそうさま」と言う。

1月15日 私が着替えをしていると、「ママ、服脱いだの？」、「ママ、服着てるの？」と、私がしていることを、ちゃんと言葉で、表現できているなあ！ と思った。

1月〔浅野〕「お姉ちゃんが保育所行って、さびしいね！」、「退屈だね」などと教える。「お姉ちゃんが帰ってきて嬉しいね」、「元気がでるね」など、感情を表す言葉を多く使うようにしましょう。「やったねー」も。

子どもは模倣して学びます。じっと見るのは良いことです。どんどん吸収していくでしょう。

指示に関しては、少しずつ複雑にしていくように。

2月（8ヵ月後）

・とにかくお姉ちゃんの後をついて行って同じことをする。

・散歩していても「ママ、こっち行こー」と、指で指示するようになった。

・私との会話は、ずいぶんできるが、他の人に話しかけられても、あまり答えられない。

・多動の程度：少しまた落ち着いたと思う。どこかへ連れて行くのも、苦でなくなった！

・情緒不安定やパニック：ずいぶん少なくなったし、わめいても、すぐに治まるようになってきたと思う。

・ひとり言がまだ多い。

佐藤テツオくんの発達検査の記録
新版K式発達検査2001

2歳6ヵ月の時	認知・適応　発達指数 70	言語・社会　発達指数 60
3歳3ヵ月の時	認知・適応　発達指数 87	言語・社会　発達指数 92
4歳5ヵ月の時	認知―適応領域　3歳6ヵ月	言語―社会領域　4歳1ヵ月

その後、少人数の自然の遊びを大事にする保育園に入園し、たくましく育ちました。岡山県川崎医科大学の片岡直樹教授の指導も受けました。片岡先生の指導は、オモチャを片付ける。ボール遊びやお手伝いを積極的に行う。話していても一方的ではだめ、相手にすばやく反応して話すことができるように、などでした。片岡直樹先生は、テツオくんの日常生活のビデオを見て「奇跡的な回復です！」と言われました。機械音を除くだけでなく、栄養素を使いＡＢＡの環境教授法も行ったからだと私は思います。

H20年8月　片岡医師に「もう、大丈夫です」と言われました。療育を始めて2年2ヵ月で、4歳半でした。

H22年4月　ピカピカの新一年生、元気いっぱい登校しています。

H28年1月　4月には中学入学です。

＊＊＊

加藤くん／H21年9月（3歳2ヵ月）総合療法開始

H21年8月（3歳2ヵ月）心理の先生に「自閉症の傾向があり」と言われ、目の前が真っ白になる。市町村の療育に通い始めました。

9月1日　お父さんがホームページを検索して、お母さんから電話がありました。現在、発語はないが、言葉の理解力はかなりあり、日常生活は、ほとんど理解して行動している。多動もない。1歳半に「わんわん」「まんま」と言っていた。

乳児期：1歳台の症状のチェックリストでは、該当するものは少ないが、発語がない・同じ行動をくり返す・新しい環境に慣れにくい・睡眠時間が短く、よく泣いて気むずかしい・乳児期に物を口に持っていくことがなかった・利発そうに見えたなどの広汎性発達障害の症状がありました。

10月6日 指さしで要求する。クレヨンの青色を「あお」、弁当箱を持ってきて「マンマ」と言う。

家では食事中に、すぐに席を立って遊んでしまいます。療育では、ほとんど食べない（ごちそうさまをしてしまう）。

加藤くんのお父さんが、サイトに書き込みをされた文章です。H21年12月にサイトに掲載されました。

当方、息子3歳2ヵ月時には発語ゼロ、テレビづけだった息子！ 常にテレビがついてないとパニック、1日中、ゲーム、DVDと好きなことを行っていました。また親との接触を嫌い、一人の世界でした。縁があり、浅野先生に相談致し、テレビなしの総合療法を行って約4ヵ月が経ちました。現在、3歳半になりここ2ヵ月は健常児に追いつくような成長ぶりです!! 総合療法を始めて発語は2ヵ月後に、現在3、4語文まで話すようになりました。また、自らの要求語がここ1ヵ月増えてきました。もちろん、ABA療育を並行して行いプロのセラピーを受けています。また、サプリも飲ませています。うちの息子も、Aさんのお子さん同様に、テレビのない環境が本当に合っていたと、最近、つくづく思います。

総合療法して良かったと、「テレビを隠して良かった～」。テレビに関しては、色々な証明されてないために賛否両論はありますが……。

知人の子どもさんは、一般的な療育を受けていましたが、テレビ好きで、発語は、6歳になってからでした。

〔浅野〕 こんな急激な言葉の発達は私の経験でも初めてです。この調子で改善を続けるように頑張りましょう。発達障害に油断は禁物です。「治らない！」と言われている脳の障害と戦っているのです。大学教授のアドバイスもあって、加藤くんは4月から、小規模の幼稚園に入園予定です。

＊＊＊

AAくん／H21年11月（3歳10ヵ月）より総合療法開始

1歳半でママ・パパ・ブーブと言う。2歳では単語は多い。しかし3歳児健診では、「言葉が遅い」と言われた。

H21年9月 幼稚園に入園しました。11月の個人懇談にて、先生から「市の発達相談に行ったらどうか?」と指摘がありました。「年少クラスの中で見ても、言葉が遅いし、理解力も未熟なところがある。作業など声かけしても、言葉での理解ではなく、皆のやっていることを見て準備している感じがする。ハサミは上手だけれど、この線で切ってと言っても自由に切ってしまう。オウム返し・ひとり言もある。今は年少さんだから、何とかついていけるけれど、年中・年長さんになったら本人が困ってくるのではないか?」ということでした。ショックでした。

＊機械音の有無：乳児期は、ほとんどなし。1歳2ヵ月に夫の転勤で引っ越してから、一日8時間から10時間。アパートの隣の部屋のテレビの音も聞こえていました。その環境が3歳半まで続き、その後、静かな一軒家に引っ越しました。幼稚園に入園前は8時間位、入園後は4時間位、土日はもっと見せていました。3歳10ヵ月の11月13日から、完全にテレビを消す。カウンセリング後は、オモチャの電池を抜き、ラジオも消し、車の音楽も消す。

11月30日 カウンセリング開始（メールと電話）

〔浅野〕 岩佐京子先生の本と『問題行動と子どもの脳』を読んで、テレビを消して1週間、変化が見え始めた。とメールがありました。

12月15日 テレビを消してから、ものすごーく目が合うようになりました。笑顔もすごく増えて、言葉もたどたどしかったのが、かわいらしい言い方に少しずつ変化してきて、「ねえねえ」とか言ったり、「こっちにきて座って本読んで」とか。

12月（3歳11ヵ月）　AAの顔つきが変わってきました。脳の成長が顔つきを変えたのでしょうか？　この気持ちは誰にも負けないつもりです。必要な栄養素、きっちり飲ませるつもりです。

H22年1月1日　AAは、まだ、「同じことをなんども繰り返し質問する」ということが残っています。以前よりは軽減しています．以前を100とすると、今は80です。

1月14日　オウム返しや独り言があるときは落ち込みますが、自分に「落ち着けー、まだ総合療法開始して2ヵ月じゃないか、浅野さんには半年から1年はかかるって言われたじゃないか」と自分に言いきかせています。「何歳？」の質問に、すぐ「エスティマ!!」と答えます（4歳の誕生日に、プレゼントされたトミカの名前）。正しい答えを教え、そのあと「AAは何歳？」と再度聞いたら、ちょっと考えてから「4歳」と答えました。うまく答えた時は、ほめちぎりました。こんな感じで良いのでしょうか？

1月　2歳頃から、頭突きをすることがあり、床に頭突きした時もありました。人に対しても、主に兄弟に、私にもしてきたこともあります。今は、要求が通らない時などに、たまに出てきます。押すこともあります。プラスティックのコップを思いっきりバーンと投げたり、本をたおしたりします。治療開始前が100だとしたら、現時点では、80くらいに減っています。

3月（4歳2ヵ月）　2月は本当にAAがのびました。幼稚園の先生からも「もうAA君大丈夫ですね」と、嬉しいです!!　2月のおたよりには「箸も上手に使うようになり、早く食べ終わります。すごいね」と、書かれていました。ほめられたのは初めてです。

3月13日（4歳2ヵ月・年少）　治療開始前を100とすると、衝動性、現在20です。独り言、現在30。言葉の数、すごく増えています。

5月（4歳4ヵ月・年中）　最近、集団で遊べるようになってきたとのこと、特に、鬼ごっこなどは積極的に参加するようになったし、席の近いお友達との関係がよくて、とっても楽しんでるそうです。

9月6日（10ヵ月目）　細かいことは消えていくから大丈夫！　との浅野さんのアドバイスでしたが、1つだけ、気になる点があります。それは、色々なことを人に強要して不自然なほど引かない、結構な頻度でそういうことがあるので、こういう場合どのように対処するのがベストでしょうか？　浅野さんの言う通り、アスペルガー的な部分と思えるところもちらほら、だいぶ「健常より」になっているとは思うのですが……。

9月18日　独り言がまだ多いのも気になっています。内容は、私がよみきかせた「絵本のコピー」です。Aは、よみきかせると、その言葉をレコーダーのように、丸暗記してしまうみたいで、適当によむと「▲▲だよ！」と指摘されます。浅野さんがブログに書いていた、「総合療法では、1年で劇的に改善するが、アスペルガーっぽい所はまだ残っている」と言うのはその通りだと思います。今後は、アスペルガーっぽい症状をいかに、消すか？　普通児にもってくかが大事だと痛感しています。

11月（12ヵ月後）　今日は、個人懇談でした。先生の話では、この1年ですごくのびているということでした。4月には、オウム返しが出てたようですが、11月現在、一切なく、自分で考えて返答していると。今は、自分のほしいものは積極的にうばいにもいくし主張もできる。悲しい時は泣くという段階、コミュニケーションの問題がまだ残っているようです。小学校まで、あと1年4ヵ月。成長を信じたいです。あともう一歩だな、もう少しだねと夫とも話しました。夫に子どももといっぱい遊んでくれるように、小学校入学まで協力を再び依頼したところです。

H23年2月　栄養素は正直、浅野さんを信じて摂取しています。片岡医師は「必要ない」とおっしゃいますが、私は栄養と脳は関連がつよいと思います。

〔浅野〕　分子栄養学、ドーマン博士の本、そして、片岡先生の症例、体験談の症例も調べました。私の経験から考えても、定型発達を目標にするには、栄養素は必要です。将来のことを考えれば、栄養素代だけならばそれほどの金額ではありませんが、若い御夫婦には負担です。栄養素を使わないで良くなれば！　とも思い、調べましたが、障害のある脳が普通になることは、簡単ではありませんでした。

6月（5歳5ヵ月・年長）　運動会が無事に終わりました。まったく普通児と同様の運動会でした。楽しんで、がんばってやっていました。日常生活では、最近すごくのびてきて、前は、鬼ごっこは鬼になるのはいやだから、参加しないでいたのですが、最近は、自分から参加して一生懸命に追いかけて、がんばっています。嬉しい!!

8月　夏休み！　楽しくすごせています。ラジオ体操・盆踊り・近所の子との遊び・兄弟の遊び、とてものびている感じがします。夫の実家で祖父母と楽しみ、私の実家にも帰りました。たくさん車で移動しました。レシチンは毎日摂取しての帰省でしたが、症状が戻ることはありませんでした。主人の仕事の都合で、4月にまた引っ越ししなければなりませんが、浅野さんのアドバイスのように、人間万事塞翁が馬と考えてがんばっていきたいです。

9月　来年の小学校に入学してからのこと、少しは不安です。でも、今、ＡＡは普通に生活を楽しんでいます。私が気をつけてみていても、社会性もほとんど問題はないと思います。

〔浅野〕　ＡＡくんのお母さんは本やホームページでよく勉強をして、アスペルガー症候群っぽい所、注意欠陥多動性障害などの症状をよくご存じでした。そして、今は、もう心配ないと思うとおっしゃっています。折れ線型であったこと、しっかりと栄養素を摂り続けられたこと、兄弟があったこと、お母さんの言葉のかけ方と環境作りが適切だったこと、色々とよい条件がそろったから改善したのだと思います。

10月　昨日の就学時健診は問題なくクリアしました。面接も、出された問題には、すべて正解し、質疑応答も適切に回答できていました。

3歳の時は、言葉の遅れを指摘されて、どん底にいた私です。あの時、あきらめなくてよかった。こうやって、普通の子と並んで、普通に成長している姿を見ることができてうれしいです（涙）。

総合療法を実行して　感謝

ＡＡ・母／Ｈ23年10月25日

３歳10ヵ月からの総合療法開始だったので、カウンセリング例としては、遅い方だろうと思います。当時ＡＡは、３歳代で、まして後半（４歳近く）だったので、なぜ、もっと早く気づかなかったのだろう、なぜ、誰も教えてくれなかったんだろう。母子手帳に、テレビの視聴の怖さや環境の音のことなども書いてくれれば、今頃、皆でテレビをかこんで、楽しく生活できたのかと思うと、悔やまれて、泣きました。今からできることを１つ１つやっていくしかないと思って今日までＡＡとかかわってきました。

カウンセリング開始時から、「その状態であればＡＡくんは、必ず治ります。ただし、総合療法をきちんと守っていただければ」という浅野さんの言葉に、どれほど助けられたか分かりません。私も、本当に治るのか半信半疑でしたが、誰かに大丈夫と言われたかったので、浅野さんには、カウンセリング当初、頻繁に嘆きのメールを送信しました。あれから、３年目になろうとしています。浅野さんとの出会いは宝物です。

最初、保育園の懇談ですすめられて市の発達相談に行き、そこで専門医に見せるよういわれましたが、予約は２ヵ月後でした。その間に、様々な文献を図書館で借りて読んでいた時、浅野さんの著書を借りました。その本で、小児科学会が２歳までのテレビ視聴について、規制するよう呼びかけているのを知りました。英語の早期教育では、ＤＶＤを視聴したり、英語のかけ流しのＣＤとか、赤ちゃんだとＬとＲの発音の区別がつくから、早いうちが良いなど、様々な情報があふれています。こうすれば、脳が目覚めるの？　それがわが子にとって、いいならと思って、見せたりする家庭もあると思います。私も引っ越しがあり、テレビに育児を助けてもらいましたが、私の中では、この英語のビデオを見たら、将来は♪　と少しだけ思っていました。

私は、専門医に見せる前に、浅野さんの著書に出会い、総合療法に出会い、急速に、ＡＡの言語が増え、行動がよい方向に変わっていきました。専門医の中には「生まれつきの障害で治りません」という医師も多いと聞きます。様々な研究がなされていますが、はっきりした原因がつきとめられていないために、原因は生まれつき、という意見がまかりとおっています。私の経験を話すことで、どこかの悩んでるお母さんが、AAのように、1人でも多く救われればよいなと思って協力をさせていただきました。少しずつ、時代は動いていると期待しています。

総合療法が広がり、多くのお母さんと子ども達が笑顔になることを心から願っています。そして、あきらめずに、活動を続けている浅野さんに感謝しています。

あなたの著書に出会い、支えていただいて、AAはここまで回復しました。浅野さんの活動を心から応援しています。

H25年10月　普通に成長中です。もう全く心配ありません！　と言えればいいのですが、たまに気になるのが、話中に、全然違うこと（読んだ本の話題とかセリフ）を言って、強引に話に入ろうとしてくることとか、あと、学校の先生から、話す時に、もっと接続詞を入れて話すように指導していきたいと。

H27年11月　AAは、普通の子と変わりなくすごせています。サッカーも続けてきました。勉強の成績は中以上です。コミュニケーション能力は、高いとはいえませんが、これは性格もあるかな？　と。

＊＊＊

青木こうじくん／3歳9ヵ月／H17年1月より総合療法開始

〈カウンセリングを受けるまで〉

・3歳前に医師より「自閉症です。原因不明で治療法はありません」と言われる。
・1歳半過ぎに言葉が出なくなった。
・離乳食では納豆、野菜を食べていたが、だんだんと野菜を食べなくなる。
・一つのオモチャで黙々と遊ぶ（寝転がりながら）。
・バイバイを反対にする。

・市の言葉の教室へ行ったが、ほとんど座らず走り回る。
・3歳になり、4月から保育園に入園。初めの頃は、外に出てしまおうとする。
・3歳2ヵ月より、言語訓練ができるようになる（40分ほど座っていられるようになる）。
・家では、ほとんど野菜を食べない。
・3歳半頃より、言葉が増える。
・3歳8ヵ月頃より、2語文が出始める。
・3歳9ヵ月から、総合療法を始めました。

H17年1月〔浅野〕豆電球を消すのは、深い睡眠で脳を休養させるためです。和室の場合は、雨戸を閉めてください。上と同じ理由です。言葉ですが、日常生活では、自分の主張は言えていますね。発音に不明瞭なところがあるのでしょうか？　言葉も発音も、脳の進歩・成長とともに自然に良くなります。しかし、感情の理解は、発達障害の子は自然には学びにくいので、機会があるごとに教えてください。

2月（3歳10ヵ月）1月の初めよりテレビを消しました。豆電球は止めて、夜は雨戸を閉めて寝るようにしたところ、大変に良く寝るようになりました。先日、月に一度の言語訓練に行ったのですが、先生から「最近、とてもいい感じでステップアップしてきたね」と言っていただき喜んでおります。

4月　言葉は大分増えてきて喜んでいたのですが、最近、保育園にお迎えに行くと、園児から「今日、僕の手をたたいてきた」とか「砂をかけてきた」、「意地悪だからいやだ」と、毎日のように報告があります。乱暴で友達に嫌がられてしまい、とても心配です。私が見ている時は、すぐに注意をするのですが、このような時はどうしたら良いでしょうか？

〔浅野〕人としていけないことをした時は、お母さんは毅然とした態度で接するようにします。お友達には「もう少ししたら良くなるから、ごめんね。そういう時は、いやだよ、しないでと言って教えてあげてね」と伝えます。

4月（3ヵ月後／4歳）偏食が大分良くなり、野菜も食べられるようになる。トイレがすべてできるように。洗濯物を干すお手伝いが、好きになる。自分で洋服を選んで着替えられる。私の情緒が安定せず、つい他の子と比較したり、悪いところばかり目についてしまいます。

6月　早速、絵や写真のカードを作って、良い環境を作って行きたいと思います。（注：視覚優位の傾向があるので、視覚も利用して言語理解を促すために絵など使う）また、励ましやアドバイスをいただき、心強いです。浅野さんと巡り合えて、私たち親子は、とても幸せです。

幼稚園での様子

・指示が理解できず、隣の子を見ながらやる。

・気に入ったオモチャなど、他の子が使いたいと言っても、なかなか譲らない。

・言葉は増えてきましたが、長い文になると、何を言っているか分かりません。

・時々オウム返しがあります。例えば、

医師「痛い？」こうじ「痛い」

医師「痛くない？」こうじ「いたくない」

医師「今日は車で来たの？」こうじ「車できた」

医師「お父さんは一緒に来たの？」こうじ「来た」

（本当は来ていない）

アドバイスをいただき、目が覚めたような気がします。私が、他の子と比べてしまったり、あせってしまったことが、かえってマイナスになってしまい、良くなかったのですね。以前は、夜になると、私がグッタリしてしまうことがありましたが、今は子どもと一緒にいることが、楽しいです。身体も言語面も伸びたように思います。浅野先生のご指導・アドバイスで、すごく助けられています。

8月（7ヵ月後）　かなり言葉が増えてきています。こちらの言うこともほとんど分かる。よく周りの言っていることをマネする。

多動・パニックは、ほとんどない。

自分がやりたい遊びがあると、小さい子でも譲れない時がある。

8月　息子が3歳になる前に、総合病院の神経科で受診した時に「原因不明・治療法も分からないから、自閉症のことをもっと理解してください」と言われました。そして、ビデオやテレビをよく見せていました（見ている時は、おとなしいので）。もちろん、テレビやレシチンのことは知りませんでした。運動会のこと、やらせてみて、何かあったら、また相談します。そして、息子の幸せのために、がんばります。

10月（4歳6ヵ月／9ヵ月後）

・自分の思ったことを曲げない。

・なんでも一番になりたがる。

・まだ質問に対して、トンチンカンな返事をすることがあります。

H18年1月（12ヵ月後）　友達の家族と食事会をやったのですが、友達が、こうじがおしゃべりになって驚いていました。義父母にあずかってもらったのですが、落ち着いて静かに遊べるようになったと言っていました。テレビをやめ、レシチンなどの栄養素を摂り始め、もうすぐ1年になります。この1年で、息子も驚くほど成長しました。

1年後（4歳9ヵ月）　どんどん言葉が増えている。最近、「どうして？」、「なんで？」という問いかけが多い。時々、何回も同じことを聞いてくる。一語一語はちゃんと言えるのに、続けると発音がおかしくなる。

***困っていること**：少し前にあったことを聞くと、答えられないということがある。

・嫌な時などに、じだんだ踏むことがある。

・一人で笑っていることがある。

2月　私も、息子には普通学級へと思っています。今後も勉強していきますので、お力を貸してください。ご紹介いただいた本は、さっそく読んでいます。何度も繰り返し読んでみます。知的障害や自閉症の施設の先生の講演会に行きました。

先生は「一般では、軽度から重度というように言われているが、自閉症は、すべて重度である」と、おっしゃっていました。すごくショックを受けました。

2月【浅野】　広汎性発達障害の症状が軽くなると非言語コミュニケーション障害が残ります。社会性の障害が残ると、社会に出てから苦労すると言われています。働いて自立できない心配があります。それが、すべて重度ということなのでしょう。違う答えをするということですが、こうじくんに理解できる言葉に言いなおし、答えを誘導してあげると良いでしょう。もう年長になるのですね！　広汎性発達障害は、前頭葉の障害だという説があります。公文を始められてはどうでしょうか？　簡単な計算や、音読が前頭葉を発達させることが、分かってきています。脳が発達すれば、人間として自然に成長する力が湧いてきます。

遠足について、事前に一度、同じコースをお母さんと歩いてみて、1対1で色々教えておいてから、行った方が良いと考えます。こうじくんと一緒に色々な経験をさせながら、行動や状況を言葉にして伝えましょう。2語文を言ったら、3語文にと。要求ができるようになったら、質問をさせるように誘導します。質問して知識を得ることができるようになると、言葉がグンと進歩します。それは、コミュニケーション能力をうんと進歩させます。始めに、家族の中で、質問の仕方を勉強しましょう。要求語を質問に変えてもかまいません。

「ミカンほしい！」→「ミカンありますか？」「ミカンほしい！」→3語文へ→「ミカンをひとつほしい」、「ミカンをもっとほしい」など。

くれぐれも楽しいゲームをするつもりで行いましょう。

とても良い本がありますので、読んでみてください。

『自閉症を克服する』（リンカーン・ケーゲル、クレア・ラゼブニック共著、NHK出版）

3月　発達検査の結果がきました。

田中ビネー知能検査

生活年齢	4歳11ヵ月
精神年齢	4歳8ヵ月
知能指数（ＩＱ）	95

昨年、4歳少し前の検査の結果は、精神年齢・3歳2ヵ月の判定でした。「すごく成長したね！」と先生

に言っていただきました。すごく嬉しかったです。

3月〔浅野〕　発達検査の結果、本当に良かったですね！　お父さんやお母さんの努力のたまものです。今年1年は、少し厳しいぐらいにして、色々な力が身につくように努力をさせてください。その時、ごほうびを与えるのは、決して悪いことではありません。問題の起きた時が、チャンスです。その時その時に、教えていきましょう。また、感情を表す言葉も、その場で教えます。童話を読む時に、感情も説明してあげましょう。

5月（5歳1ヵ月）　言語訓練の時、質問されたことに、大分答えられるようになりました。時々、分からなかったりする時がありました。例「保育園は、なに組さん？」。バラ組ですが、「5歳さん」と言ったりします。

7月〔浅野〕　こうじくんは、誤診ではなく、性格の範囲内まで良くなったのです。幼児期に、自閉症の症状はいっぱいありました。努力によって、少しずつ改善されたのです。治らない脳の障害と思われているから、誤診ということになるのでしょう。どうして改善したか聞いてほしいですね！

指を1本立て、「いち」と言わせ、もう1本立て、「いくつ？」と聞き、分からないなら、すぐに「2」と教えます。すぐに繰り返します。1と2で3なども、指やお菓子を使って繰り返していると覚えます。何回も、ゲームのように楽しんで進めてください。簡単な足し算は、前頭葉を使います。今の努力は、先に行ってする努力の何倍かにあたります。今は、「厳しすぎるかしら？」と思うくらいに進めてください。脳には感受性期があり、今しか身につかない能力があります。

質問する力がつけば、受身的になるという心配は避けられるでしょう。こうじくんのように、「誤診でした」と、言われる子が増えると良いですね。

7月　息子の誤診の件ですが2歳過ぎに、目が合わず、多動、言葉が出ない、と心配で病院をおとずれました。小児科で、耳が悪いかも知れないので、検査してもらうが、異常なし。言語訓練へ紹介してもらう。

床に寝転がり、オモチャをさわって遊んでいるだけで、勉強できる状態でない。「軽度自閉症」と、診断されました。
・3歳過ぎ　保育園に入園して、少しすると落ち着いてくるが、言葉はほとんどない。少しずつ、イスに座っていられるようになる。
・3歳9ヵ月　浅野先生の本を読み、テレビをやめ、栄養素を摂る。少しずつ、嫌でも我慢したりできるようになる。
・4歳6ヵ月頃　訓練の後、いつも先生とお話しする時、「私の誤診だったかも。ＬＤだったかもしれない」と言われる。今も、月一度、言語訓練に行っています。
7月（5歳3ヵ月）　保育園で個人面談がありました。保育士さんから、「ゲームの時くり返して、やっているうちに分かる。負けても泣かず、我慢できるようになってきた。『くやしい』とか『悲しい』と言う。オニもできるようになった。4月末頃は、オニになると怒ってできなかった。保育士の指示も聞いているし、周りの空気を読んで行動できる。友達のそばにはいつもいるが、一人で遊んでいることが多い」と聞く。
12月　最近ですが、言語の先生に、「勉強もかなりできるようになった。だんだんと我慢もできる。小学校に行っても大丈夫です」と言われた。
H19年1月　田中ビネー知能検査結果

生活年齢	5歳9ヵ月
精神年齢（ＭＡ）	6歳2ヵ月
知能指数（ＩＱ）	107

2月〔**浅野**〕　広汎性発達障害は社会性の障害であることを忘れてはいけません。知識を学ぶこととともに、ある場面を見て、何をしているか？　何を考えているか？　その時、自分なら、どう行動するか？　適切な行動は何か？　そういうことを大切に教えていきましょう。
専門家の本の中に下記のように書かれているのを見つけました。「『テレビ・ビデオが原因』と言う説には

困ったものです。そんなことあるはずない」と、書いていました。専門家は機械音に関して、何の科学的な検査もしていません。子ども達に有効な説を否定し、その結果として、多くの子ども達が苦しんでいたら、誰が責任をとってくれるのでしょう。

遺伝子の欠損ということだけで、自閉症の子ども達の多様な症状を説明することはできません。どうして多動なのか？　野菜を食べないのか？　痛みを感じにくいのは？　聴覚過敏の子が多いのは？　手の力が弱いのはなぜ？　構音障害が多いのは？　自傷行為があるのは？　まぶしがるのはなぜ？　なぜ、目が合わないのか？　なぜ折れ線型が多くあるのか？　なぜ、治る子どもがあるのか？

生得説は、説明できるのでしょうか？

H19年4月〔浅野〕　普通学級に入学おめでとうございます！

入学式の写真をありがとうございました。ご両親の愛情を、いっぱい受けて成長したこうじくん、お手伝いができたことを私も誇りに思います。聞いた言葉の理解力ですが、今年1年の間に、もっともっと力をつけたいと思います。そうした訓練用の本があります。例えば、絵があって、この絵の状況を説明する。その中の1人の気持ちになって、話す内容を考えるなど、こうじくんにあった内容を選んでください。そうして、この1年に、言語についても、遅れがないように、努力しましょう。まだ、大丈夫な年齢です。

12月　小学1年生の個人面談がありました。息子は頑張っています。とのことです。

H22年4月　元気な4年生になりました！　学校でも大きな問題はなく、とても優しい子に成長しています。

＊＊＊

川田だいちくん／3歳6ヵ月／H18年3月より総合療法開始

H18年1月に、広汎性発達障害と診断される。2月19日より機械音を除いた。

広汎性発達障害の症状の特殊性チェック

0–1歳の時

・食べ物を手で口にもっていかない。

・指さしができない。

1–2歳の時

・オウム返しが多い、言葉が増えない。

・べったりと親にくっつきすぎていることもある。

・親よりも、オモチャやテレビに関心を示す。

・ジェスチャーによる意思表示や指示をしない。

・同じ物への固執や、同じ行動を繰り返す。

・カンシャクの収まらなさが、ひどいと感じる。

・新しい環境に慣れにくい。

新版K式発達検査

生活年齢		3歳6ヵ月
全領域		2歳4ヵ月
	姿勢・運動	3歳10ヵ月
	認知・適応	2歳0ヵ月
	言語・社会	2歳6ヵ月

だいち君の細かいカウンセリングの記録は、残っていませんでした。H18年11月3日、片岡直樹小児科医が講演会を行い、お母さんに体験発表をしていただいたので、掲載します。

広汎性発達障害と、どのように闘ったか!!　8ヵ月の家族の記録

息子が広汎性発達障害と診断を受けたのは、今年の1月、3歳6ヵ月の時でした。1歳半健診では何もなく、3歳健診で最後まで残され、後日、児童相談を受けるようにすすめられました。センターへ行けば、専門医の指導が受けられると言われました。私は、たらい回しにされているようで、行きませんでした。私は幼稚園に入園してから、問題なら、その時点で診てもらおうと思いました。

言葉の遅れ、多動、癇の強さはあったものの、はじめての子なので、これは、この子の個性で、男の子だから元気なのだと思っていました。しかし、幼稚園の

先生に、入園前に専門家に診てもらうように言われました。初めて広汎性発達障害と診断されました。診断を受けた後は、息子がどうすれば良くなるのか、治療法を探して本を読みあさりました。何ヵ月かは、夜も寝られないで、必死でした。『問題行動と子どもの脳』を読み、浅野さんに電話をし、カウンセリングを受けました。

たくさんの良いアドバイスをもらい、すぐに、実行しました。そして、すぐに言葉が増え始めました。その後、浅野さんからキャサリン・モーリスの『わが子よ、声を聞かせて』、自閉症の子どもを治した母親の体験を読むように勧められ、この本との出会いが大きな転機になりました。時間がないので、簡単に「広汎性発達障害と、どのように闘ったか」を述べます。

まず、浅野さんのアドバイスで、主に、1テレビ・DVD・CDの機械音を止めました。2レシチン・ビタミンを、脳に良いと言われている栄養素を摂りました。3応用行動分析の環境教授法を、日常的に行いました。4ABAトレーニングは、モーリスの本の、週に40時間を目標に頑張りました。

「自閉症なんかに負けない」。私はクリスチャンなので、神は「乗り越えられない試練は与えられない！」の言葉は、心の支えでした。8月の再診察（4歳の発達検査）を受けた時には、3歳7ヵ月まで、成長していました。8月に診てもらった医師は、「言葉の発達は、コミュニケーションを取りたい、という気持ちからだから、それを育てていかないと」と、繰り返し言われ「馬が水を飲みたいと思わなければ、池まで連れて行っても、水を飲まない」と、たとえ話をされました。

確かに、自閉症や広汎性発達障害の最大のとりでは、社会性とコミュニケーション能力の障害です。しかし、自閉症の子は、当たり前のことが分からないのです。たとえ、今、水を飲みたいと、思わなくても、いずれ、水を飲みたいと思った時に「こうすると飲めるのよ」と教えてあげることが必要なのです。自閉症の子どもはできないのではないのです。少し、工夫をした練習をすれば、できるのです。コミュニケーションを取りたいという気持ちを育てるのも、ABAトレーニングも両方していくのが良いと、経験から思います。

現在、息子はカンシャクやパニックを起こすことは、ほとんどありません。幼稚園の集団での生活も、特に問題はないと聞いています。多動は少しありますが、ほとんど、気にならなくなりました。言葉もどんどん増えています。幼稚園のこともよくお話ししてくれます。

大好きな先生がお休みした次の日は「今日先生来ている？」と聞き「来ているよ」と言うと、「あのね、青田先生が幼稚園に来ているから、だい君も幼稚園いくの！」と、言った時には、感動して涙が出ました。取り組むべき課題は、まだ、多くありますが、息子は良く頑張っていると、誇りを持っています。そして、テレビ・DVDを見て、ずーっと、ひとり言を言っていた時が、今では、うそのようです。

良い時に、適切な指導が受けられて、短期間に、順調に発達したことを、心から感謝しています。

11月3日〔浅野〕 今、考えると、私はそれほど指導をしていません。このような方法がありますよと教えただけです（そのためには、自閉症のこと・脳のこと・分子整合精神医学・ABA〈応用行動分析〉他、長年の勉強で、これが、一番良い療育だと、言える確信があったからです）。

H21年4月 小学校・普通学級へ入学。トラブルはないと、お聞きました。

＊＊＊

道下つとむくん／3歳11ヵ月／H19年3月から開始

H19年3月 テレビは、昨年7月から止めましたが、1週間に30分だけ見せていました。

＊心配な症状：オウム返しが多い・しり上がりのイントネーションで話す・ひとり言が多い・こちらから話す時は、目が合いにくい・多動・教えても覚えない。

＊心配な事：言葉が遅い・こちらの言うことを理解できない・自分からは喋れるのに、会話ができない・一

人遊びが多い・友達と遊べない・落ち着きがない。
3歳9ヵ月から市の療育センターに通う、遊び中心の療育です。
4月9日（1週間後のFAX） この1週間で、しり上がりのイントネーションで話すことが減ってきて、話し言葉が、増えてきています。野菜が少し、食べられるようになりました。
4月 昨日、発達心理相談を受けました。言葉を機械的に覚えていて、応用ができない。言葉の理解が弱く、運動面や感覚に問題がある軽度発達障害でしょうと、言われました。今後は言語訓練と作業療法を2ヵ月に1回程度、発達心理相談は、年に2回です。
4月14日 偏食が治りました。家では1品も残さなくなり、生野菜も頑張って食べていて、お箸も使いたがるので、驚いています。今日は、お手伝いの後「楽しかった」と言いました。感想らしい言葉がはじめて出ました。
4月26日 質問に弱い。「ただいま」、「おかえり」は、まだ混乱している。

多動：お店の中を走らなくなった。手をつないで、お散歩できるようになった。
7月（4歳2ヵ月）
遊び：指導のあったように、遊びは、鉄棒・よつばい・ボール遊びを行い進歩している。
言葉：「コレ誰の?」、「ほら、ゴミ落ちてるよ」「少なくなっちゃたねー」他。
簡単な質問に、だいたい答えられるようになった。
「おしっこは?」→「おしっこしない」
「どれがいい?」→「これがいい」
医師の診察：今後は、社会性の発達に注目していきましょう。検査をしてみなければ、はっきりとは言えないが、おそらく、自閉症や注意欠陥多動性障害の心配は、なさそうに思われます。
医師の指導：用事をさせる。問いに答える。相手に合わせることができるようにする。4歳の子のやることを、つとむくんにもするように教えましょう。
8月（5ヵ月後）**〔浅野〕** 年齢が行くほど、回り道をしないで、発達していくことができるように、気をつけます。

＊奇声について：壁に向かって1分間立たせた後に、「○○してはいけない」ではなく、「次からは、こうするように」と、良い行動を指示してください。そして、同じような状況をわざと作って、言葉で要求できるように、あるいは我慢ができたら、うんとほめるように試してください。

9月

にらめっこができるようになった。

＊今、気をつけていること

・「つとむは、何しているの?」、「だれだれは、何しているの?」の、質問に答えさせる。
・前後・上下・横の理解・ボールキャッチやビーズとおし、などの遊び・言葉絵本・文カード
・よつばい競争
・手遊びや身体の模倣遊び
・早朝の散歩
・お手伝い
・目合わせ
・鉄棒のぶら下がり（手の握力をつける）他。

11月に受けた新版K式発達検査の結果が出ました。

平成19年11月実施（8ヵ月後）

生活年齢　4歳6ヵ月

	発達年齢（DA）	発達指数（DQ）
全領域	4歳0ヵ月	89
言語・社会	4歳0ヵ月	89
認知・適応	4歳1ヵ月	91

今年の2月、児童相談所で同じ検査を受けましたが、その頃と比べて、8ヵ月間で、全領域では、1年5ヵ月のびました。2回目の検査なので、前回できなかったことは、練習させていましたし、つとむ自身が検査に馴れてきたこともあると思いますが、親としてとても励みになります。

H20年1月　心理発達相談に行ってきました。簡単な検査をしてみて、相談員の先生が「すごくのびたねー」と驚いていました。「どこでもいい」とか「ど

れでもいい」などのあいまいな指示は難しい。その時「わからないよ」と言うことが、分かっていない。相談員の先生は「今、診断は出ていなくても、将来アスペルガーとか高機能自閉症と診断されると思われます」とのことでした。

3月（4歳11ヵ月／1年後）

＊言葉の理解：「お母さんが、赤ちゃんにご飯を食べさせている」絵を見て、「おかあさんと、赤ちゃんと、ご飯を食べさせてもらっている」となる。

7月

＊作業療法の訓練：ブランコの効果で、身体の重心が自分で分かってきて、身体の動かし方が、良くなった。文を読む時の、「字とばし」については、やはり、目の使い方が、下手なのが原因。まずは、ブランコをやって、段階に応じて、凝視や追視の訓練をやっていく。感覚については、今しかつかない力なので、しっかり訓練するように言われました。

8月　ひとり言が、まだ多い。もうすぐ5歳。字とばしも、だいぶ良くなった。

＊言葉の理解：5W1Hの問いに、ほぼ答えられるが、家族以外の人には、あいまい。昨日、今日、明日、季節、天気は理解していたはずなのに、今は混乱している。

・順番待ちが苦手だったがキチンと順番が待てた。

・身体のバランスが良くなって、遊び方が変わった。

H21年2月（5歳10ヵ月／1年11ヵ月後）　幼稚園で生活発表がありました。劇に歌に、楽器演奏出番待ちを含め、3時間。当日の朝「頑張ったら、ケーキ買おう」と約束しました。そして、ケーキの効果か？　何事もなく、全て、目立たないで、無事に演技できました。踊りは、秋の運動会よりも身体の動きがずっと良かったです。

H22年3月（6歳11ヵ月／3年後）

＊心理発達相談にて：知的には問題なく、コミュニケーションだけの問題。

幼稚園での様子

生活発表会：シンバルは家で、曲を音階で書いて、視覚的に分かりやすくして練習したところ、幼稚園でも演奏に集中できるようになり、上手く参加できた。
ドッジボール：少人数なら良いが、多人数でする時、棒立ちになって動かない。ルールはなんとなく理解できている。

〔浅野〕 4月からは、ピカピカの新一年生です。

情緒障害はなく、穏やかです。少しの症状は、個性・長所と考えて、ほめて自信を持たせ、自己肯定感を育て、明るい、幸せな人生を送れますように……。

6月 冊子の原稿を読み、改めて何人ものお子さんが、総合療法により多くの困難から救い出されたことを知り、その中の一人として浅野先生につながることができたこと、本当に不幸中の幸いでした。そして、お母さん方のどの言葉にも同感です!! 先生から「心配したり不安がってるヒマは無い」と、たくさんの指導をしていただき、実際に我が子の変化を目のあたりにして、希望を持つことができました。4月の授業参観を見た感じでは、私が心配していたよりは、良くできていました。

H23年1月（もうすぐ2年生） 夏休み以降は、いろんな面で力がついてきたと感じております。2学期は学校での様子も良くなってきて、言語療法や作業療法の先生方からも「このところ、よく伸びています」と言われました。

冬休み前の懇談での学校での様子
・学習に問題はない。ドリルの時間には集中が続かないので、時には声かけが必要。
・グループ活動・掃除・係の仕事は、友達が声かけをしてくれ、皆と一緒にできる。
・仲良しの友達ができて、よく一緒に行動している。
・友達と関わりたい気持ちが出てきた。

＊＊＊

木田元気くん／2歳3ヵ月／H20年6月より総合療法開始

＊健診や療育の経過：1歳半健診で、発語が少ない。また、言葉が消えたことを指摘され、療育機関で診察を受け、週1度、グループ遊びをしている。

・2、3語言えるようになったのは2歳2ヵ月。
＊現在、言える言葉：パパ・マンマ（ママ）・ナイナイバー・ねんね・ワンワン・ニャンニャン。
＊多動：買い物に行くと、エスカレーターに向かって、親の手を振り切って走り出すことがある。
＊偏食（食べない物）：歯ざわりが硬い野菜。
＊好きなもの：甘いもの・果物。
＊同年齢の子どもへの関心：近づいてくると、逃げてしまう。
＊指さし：1歳半頃
＊バイバイ：10ヵ月頃（しばらく、しない時があった）。
＊困っていること：親にかみつく・頭突きをする・なんでも口に入れてしまうこと。
＊今後の希望：友達とのコミュニケーションが取れるように、なってほしい。
＊テレビ・ビデオがついていた時間：　乳児期―約10時間。1・2歳代―約8時間。
＊テレビ・ビデオの視聴時間：1・2歳代――約2時間。ＤＶＤ「しまじろう」などをつけていた。

H20年6月〔浅野〕　月に数回、「成長記録」をＦＡＸにて送ってもらい、アドバイスをしています。

8月　言葉は、なかなか増えないのですが一人で喋っている時に、よく聞いていると、言葉らしきものを言っていることが、あります。

以前は、好き勝手に走り回っていることが多かったが、最近は、周りの子どもを意識していることが多い。

〔浅野〕　この頃は、完全に機械音がなくせませんでした。やはり、言葉の発達は伸びていません。機械音は、１００％除かないと、言葉は伸びないと、岩佐から聞いています。

Ｈ20年9月より、家族の協力で、機械音を完全に消すことができた。

11月　お母さんのＦＡＸより（2歳7ヵ月）

単語が順調に増えています。おやつをねだったので「なに食べたいの？」と聞くと、「みかん」と答える。繰り返しているうちに、自分から「みかん」「アイス」

「アメ」と、欲しいものを言えるようになった。初めて、要求を言葉にできました。パパと3人で、公園に行った時、パパと一緒に「ママー」と言いながら、手を振った（しかも、手の平を外側にして）。「パパー」もできました。散歩中は、「ひこうき」「バイク」など、見かける度に、言います。「大きい葉っぱだね」と言ったら、後日、同じところを通った時に、「大きいハッパ」と言った。

11月〔浅野〕　野菜が食べられるようになるのは、脳の細胞がこわれなくなっているからでしょう。次は「ちょうだい」、「ほしい」が言えるように工夫してください。「大きい」、「小さい」も、いっしょに教えます。2つ持って、「どっちが大きい？」、「どっちが小さい？」と聞いて、「あたり！　すごいね」と、うんとほめると、とても喜びます。

次の目標は：（色・形・形容詞）＋名詞→赤・ブーブ、ワンワンいるなど。

動詞：走る―止まる／つける―消す／登る―降りる／おとす―ひろう／立つ―すわる

指示に従う：「走って」、「回って」、「手を叩いて」→良くできたね！

元気くんは、言えること、知ることが、楽しくって仕方ないようですね。それが、ごほうびになっているようです。子どものやる気を上手に引き出しましょう。この調子で、頑張りましょう。

H21年1月（2歳10ヵ月／7ヵ月後）

・ほえる声には、口を押さえ、少しベソをかくまで、という方法を取っていますが、離すと、また声を出すので、また押さえてと、何回か繰り返していると、おさまります。

・物を投げることは、「だめ！」と言う言葉に反応して投げるということが、最近、分かってきたので、「だめ！」と言わないようにして、投げるのを防いでいます。

・「ちょっと待ってて」と言うと、待てる。

・「ウンチ出た」と教える。

・「〇〇にタッチ」は、物の名前を覚えるのに、効果的みたいです。分からない時は「これは？」と言うので、「これは○○だよ」と教えて、言わせます。興味をもって覚えたものは、一度で覚えてしまうので、感心します。最近は3語文を、言わせる練習をしています。「ママ、みかんむいて」、「ママ、アメちょうだい」など、言えたら、うんとほめ、「上手に言えたから、ごほうびあげる！」と、言っています。

・「長い」と「短い」が言えました。

・「これとこれ、同じ」と言うのが、すごく好きです。「ちがう」を、教えます。

2月（8ヵ月後）　最近、少し症状が戻った気がしました（まくしたてるような、喃語を話します）。先週末に、親子の食事会に行く。少し時間が長くなってしまい、緊張したせいかずーっと無表情でした。トレーニングを強制してしまったせいか？　気をつけなければならないと思いました。

8月（3歳4ヵ月）　話しかけたことや、家族が会話していることを、繰り返して話す。その時は、分かりやすい言葉で、簡単に説明しています。

12月　「頂きます」、「ごちそうさま」、「行ってきます」、「ただいま」、「おかえり」は、自分から言えるようになった。

・「うん」と返事することが、できるようになった。

・質問することが全部「これなあに？」と聞いてくるので、「だれ？」、「何しているの」、「あれは何？」とか、その都度、言い方を直させる。

〔浅野〕　H22年4月からは、幼稚園に入園しました。幼稚園では、補助の先生がつきました。元気くんは、他の子と目立たなくできるようです。幼稚園に馴れた頃、「お友達は何をしてるかな？　いっしょに遊ぼうね」と、先生に声をかけていただきましょう。元気くんが自信を失わないように、お母さんは家で、幼稚園ですること（ハサミ・お絵かき・粘土・遊びのルール・他）を根気よく教えるようにアドバイスしました。

これからは、問題が起きた時がチャンスと思って、その時その時に、丁寧に対応していきましょう。

＊＊＊

池本くん／2歳9ヵ月／H21年11月カウンセリング開始

2歳で話さなかった。小児科で「自閉症の疑いあり」と言われる。

・言葉はバイバイしか言えない。言葉が増えない。
・呼んでもふり向かない。
・騒々しい音を聞くと、両手で耳をふさぐ。
・泣き声を聞くと自分も泣く。
・テレビを消してから、1ヵ月たっている。医師にレシチンの話をした所「変わらない」と言われた。H21年11月8日から栄養補助食品を摂る。

〔**浅野**〕お母さんからのメールとアンケートを、言葉の発達に絞って、その一部をまとめました。

11月17日

・栄養素を摂り始めて2、3日で、表情が明るくなる。
・便が2日に1回だったのが、毎日になる。
・夜12時頃まで寝ない日があったが、今は遅くても9時台には寝るようになった。
・多動もパニックも減った。
・ほしい物があるとパニックになるが、最近は「待っててね」と言うと待つことができるようになる。
・指さしが全くなかったが、少し出てきました。

12月12日（カウンセリング開始から1ヵ月後）

＊**言葉**：くるま・くま・ゾウ・りんご・みかん・バス・バナナ・バイキンマン・ちょうだい（時々）。

H22年1月9日（2ヵ月後）　栄養素と音なし生活を守って生活したら、全くと言うほどなかった言葉が、どんどん出てきて、ほんとに嬉しくて感謝しています。

すごく楽になってきました。本を見て分かる言葉は、自分で覚えようとする意志が伝わるので、教えてあげています。療育でも、急な成長ぶりに先生も驚いています。最近ネットで、子どもにサプリは要らない、と記載されていましたが、今は信じて頑張りたいです。

4月　幼稚園に入園。

6月5日（3歳4ヵ月／7ヵ月後）　2語文がどんどん出ています。動詞も増えてきています。
　要求のコミュニケーションができるようになりました。
8月3日　ボールを投げたら、投げ返してくれる。
・「ごはん食べる?」と聞いたら、「ごはん要らない」と答える。
・「おしっこする?」と聞くと「おしっこしない」。
・日中のオムツがとれた。ウンチはまだ。
・赤ちゃんがちょっかいを出してくると、本気でぶったりするのがきつい。
10月3日（3歳8ヵ月）　2語文から3語文ぐらいは話せます。小児科の先生に診てもらいました（3回目）。「言葉が確実に伸びてきている。社会性が乏しいけれど、変わる」と言われた。先生の質問にも答えられたし、人とよく関わるようになりました。
12月4日（3歳10ヵ月／1年1ヵ月後）　とにかく1年でこんなに変化して、びっくりです。1年前とは別人のようです。
・人をよく見るので、よくマネをします。
・自分の好みをハッキリ伝えるようになりました。
・「だめ」と言うとあきらめます。手をあげたりしなくなりました。
・ウンチもトイレでできるようになりました。
・テレビをまったく見せていないせいか、本がほんとに好きです。本があれば、ずっと読んで絵を見て話してくれます。
〔**浅野**〕お母さんは弟を出産後で、始めは精神的に不安定な傾向がありました。しかし、子どもの言葉が発達し、子どもとコミュニケーションが取れ始めると、ぐんぐんと元気になりました。
・弟はかわいいみたいだが、ちゃんと遊べません。よく二人で遊んでは、オモチャの取りあいで弟が泣いています。
・目もずいぶん合わせられるようになった。
・びっくりするくらい、子どもらしい笑顔です。他のママたちにも「いやされる!」と言われるくらいニコニコしています。

H23年1月12日　（メールより）　他のお母さんのお役にたてれば、私もうれしいです。最近はまたグンと理解できることも増え、前より会話を楽しむことができます。本人に質問すると、はっきり答えを返してくれます。一年でこんなに変わるとは、ほんと思いませんでしたし、子どもの成長は変化が出たら速いんですね。今後も困ったことがあればメールしますのでアドバイスお願いします。

9月8日　先月病院に行って来ました。順調に伸びているので先生も、この先「あの時悩んでたなぁ！　と思える時期がくるかもしれないね」みたいな感じでおっしゃってくれました。学校も普通学級は大丈夫だと思うと言っていただきました。

＊＊＊

川口こう市くん／2歳7ヵ月／H20年9月より総合療法開始

〈乳幼児期〉

・テレビ・DVDを見ている時が、何より楽しそうでした。

・テレビを見せていないと、何も仕事ができなかった。

・ひどい便秘（1週間以上、出ない）。機械音を除いて、すぐに、2、3日に1回は出るようになりる。

・食が細い。

・多動で困る。

・言葉が遅い、笑顔がかなり少ない。

・手をつないで、歩けない。

〈こう市くんのカウンセリング時の状況〉

・2、3語言えるようになったのは、2歳4ヵ月。現在は、「青、コップがいいの」「ママ、いる」「ママ、いない」。

・外に出ると、多動になります。

＊パニック：ない。

＊バイバイ：1歳後半。指さしは2歳1ヵ月頃。

＊テレビやビデオのかかっていた時間：乳児期―ほぼ、一日中かかっていた。1歳代―約10時間近く。

＊テレビやビデオの視聴時間：1歳代―約6時間。2歳代―0時間。

＊今後の希望：理解力アップと、落ちつき。

H20年3月（2歳1ヵ月）より、機械音を100％除く。

9月　栄養補助食品を摂り始める。

ここのところ、また言葉が増え、驚かされることばかりです。教えてない言葉も覚えて使っています。要求も文章で伝えてくるようになってきました。記憶力もかなり出てきて、昨日の出来事や以前遊んだお友達のことなどが、言葉に出てきます。でも、まだ少々早口です。理解力も少しずつ上がっています。息子「これ、なあに？」、私「指輪」、息子「かっこいい―！」のような、会話っぽいやりとりもできるようになってきました。嬉しいです。

9月23日〔浅野〕　この成果は、3月から機械音を除去していたからです。しかし、こうした報告を聞くと、性格の範囲内までの完治を目標にするには、栄養補助食品が必要なことを強く感じます。表情がやわらかくなった。全体として可愛くなったと、皆が感じることは、とても大切なことです。

人の言葉を理解することには、かなり遅くまで遅れが残ります。指示に従わせること。質問に答えさせることも、簡単なことから、少しずつ難しくしていきましょう。

指示に従う：たたいて・もって・落して・食べて・さわって・たおして・とってきて・かくして・走って・止まって。

二段階指示：バンザイして拍手・立って頭に触って・とってきて・ここに置いて、など指示を出したら、できない時は、手伝ってやらせます。できた時は、うんと褒めたり、ごほうびで、やる気を出させるように。できない問題を続けないように、難しすぎるとやる気をなくしますから、2～3歳は、とても大切な時です。楽しくかかわりましょう。

12月　手でチョキと3ができるようになり、何歳？と聞くと、手をゆっくり動かしながら「2さい。もうすぐ3さい」と言えるようになりました。嬉しいです。昨日からは「お名前は?」と聞くと、言えるようになりました。しかし、名前を答えたあと、「なんさいですか? 2さいです」と自分で言ってしまいます。お友達が遊びに来た次の日は、やはり少し後戻りしました。落ち着かなくなったり、関係ない言葉が出たり、食べなくなったり。

関係ない言葉と、独り言が、かなりなくなってきました。祖父母の家に行った時の反応も良くなり、「おじいちゃん。ありがとね。おじゃましました」と笑顔で言えます。祖父母・家族、みな喜んでいます。

H21年1月（2歳11ヵ月／4ヵ月後）赤色が好きなこと。電車のこだわりは減ってはいますが、続いています。最近、上―下、長い―短い、をクリアしました。今週は前、後ろ、横を、クリアしたいと思います。

3月（3歳1ヵ月）テレビを消して1年たって「今日は何してあそんだ?」、「ばーばの家に誰がいた?」、「どこ行った?」、「誰と行った?」など、何? 誰? 誰と? どこ? の質問はクリアです。「どっちがいい?」、「どこ行きたい?」、「何して遊ぶ?」、「いいや?」なども答えてくれます。質問した時、分からない時は「わからない」と言えます。次は質問をさせることを、課題にします。

1年前は、指さしと単語がやっとの子が、ここまで話せるようになりました。今日、半年ぶりにあった友達からは、「すごく喋るようになったね! すごく子どもらしい子どもだよ」と言われました。小さな変化でも、先生に知って頂きたくメールしました。

4月 幼稚園の年少に、入園しました。療育にも通っています。幼稚園は休みながら行くのですね。

8月（3歳6ヵ月）夏休みが去年と比べると、とても楽です。ビニールプール、花火で遊べる（去年は遊べなかった）。

攻撃的で、なくなった!

H21年5月に実施した新版K式発達検査の結果

生活年齢	3歳3ヵ月
姿勢・運動	90
認知・適応	72
言語・社会	101

2歳2ヵ月の時、浅野先生に初めて電話をしました。テレビを消すこと、機械音を除くことをすすめられ、次の日から完全に、静かな環境で暮らしました。

2歳7ヵ月より、栄養補助食品を摂る。

テレビに生活を邪魔されないので、親子や家族での、やり取りが増え、興味の幅も広がった。

人に積極的にかかわるようになった。今では、普通に会話をしています。理解もいいです。

子どもらしい、柔らかい笑顔の、優しい子になりました。反応の遅いところが、まだあるので、これからも総合療法を続けます。

＊＊＊

豊田卓くん／3歳3ヵ月／H23年5月より総合療法を開始

＊健診や療育の経過：1歳6ヵ月—異常なし（呼んでもふり向かない。発語なし）。2歳—言語発達遅延と言われる。3歳2ヵ月—自閉症と診断される。家庭生活の指導はなし。

＊指さし・バイバイ：2歳半頃。

＊2、3語言えた時期：3歳になった頃。

＊現在言える言葉：名詞は多い、2語文はほとんどない。

・パニックや偏食は少ない。

5月23日（メールより）　名詞は50語ぐらいは言えます。2語文は「早く行きたい」、「○○ちょうだい」が最近言えるようになりました。名詞は多いが動詞はない。先日、私がパンにバターをぬっていると、トコトコやってきて「バターちょうだい」と言ってくれました！　うれしくて抱きしめて少し泣いてしまいました。

6月24日　2語文のオウム返しも、言葉がはっきりしてきました。行動も少しずつ落ち着き、よほど気になる目標物がない限り、だーっと行ってしまうことは少なくなりました。

7月24日（3歳5ヵ月）公文の2語文カード、毎日、少しずつやっています。（注：単語が増えると、くもん出版の『ぶんカード』1集・2集を利用して、2語文を増やすようにします）とりあえず10枚選びました。動詞は難しいようですが、「黒いカバン」や「赤い傘」などは早く覚えられそうです。最近たっちゃんに足を踏まれたり、たたかれたりした際、大げさに泣きマネをすると「ごめんね」と言えるようになりました。

8月11日 2語文カード、全部で15枚言えるようになりました。覚えが早くて驚いています。ご褒美がきいているんでしょうね（笑）。昨日、ウンチが一人でできました。自分でトイレに行って出していました！おしっこのほうは2回に1回は「トイレ」「おしっこ」と教えてくれるように♪。脳が回復すると言えるようになるとおっしゃっていたので、脳が回復してきているのでしょうか？　うれしいです、この夏にはオムツが取れそうです。手をつないで歩けるようになりました。指示もすごく通ります。目も良く合うようになって来ました。主人への反応がすごく良くなったので、とてもかわいいみたいです。

9月9日「長い」「短い」も覚えてくれます。長いズボン、短いズボンの絵を見ても答えられます。ハサミの練習もしています。言葉は前回メールした時から増えていませんが、ハトが飛ぶのを見ては「鳥（が）飛ぶ」。レモンを食べては「レモン酸っぱい」と2語文カードも少しずつ言葉として言えるようになっています。今日、「1、2、3、4、5」と指をやってみせると、私の指を見ながら「1、2……」とマネしてくれました。「ママを見て」というと見ながら言ってくれることもあります。見るまで要求を通さないようにしています。

［浅野］　これからのお母さんのためにと、お願いして現在の気持ちを書いていただきました。

9月17日　卓が自閉症と診断され1年4ヵ月が経とうとしています。機械音は、診断をもらった2歳3ヵ月から100％除いています。診断されてすぐテレビを消したのでテレビなし生活も同じだけ過ぎました。テレビを消した当初は、ほんとにものすごい変化でした。ぜんぜん目の合わなかった息子の目が時々合うようになり、私への愛着もなく、いなくても平気だったけれど半年過ぎたあたりから、私を意識し始め分離が難しくなるほど「ママ大好き」に。周りのお友達からも「たっちゃんすごく変わったね、先週とも違う」と毎週のように言われていました。「ダーダー」ばっかりだった言葉も単語がポツリポツリ出始めました。その頃から「栄養素・浅野さん」の存在は知っていましたが半信半疑で与えていませんでした。当初、相談にのっていただいていた先生（医師）には「なるべくたくさん関わって」、「たくさん遊んであげて」、「お手伝いをさせて」と言われていました。

テレビを見せていた頃の卓に比べたら、幾分かよくなってはいましたが、多動&コミュニケーションの部分は、やはり弱いままで、遊ぶといっても難しく、語りかけへの注意が全く向かない子を相手に、お手伝いをさせたり遊んだりすることは至難の業でした。私なりに頑張っているつもりでしたが伸び悩み、つらい日々を過ごしていました。再び知人に、浅野さんへ相談するように勧められ電話をしました。テレビなし生活をちょうど1年過ぎた頃でした。

栄養素を摂り始めて、すぐ多動もほぼ収まり、椅子に座っていられるようになりました。コミュニケーションはまだ難しいですが「人の話を聞きたい」、「模倣してみたい」という気持ちが芽生えて一緒に遊ぶ、お手伝いをさせることも可能になりました。教えたこともすぐ吸収します。栄養素は、本当に大事だと思います。浅野さんがよくおっしゃる「脳を回復させる」。これがなくては正常への道はあり得ないと思います。昔、半信半疑だった私に本当に教えたいです。もっと早くから栄養素を摂らせていれば、今はもっとおしゃべりできているのではないかな？　と残念です。同じような状況の方がいたら迷わないで、機械音なし（テレビなし）&栄養素を試してもらいたい!!　本当にそう思います。

＊＊＊

田上くん／1歳11ヵ月／H22年3月より総合療法開始

以下は、カウンセリングの記録から、言葉の記録の一部をひろいました。

＊今、話す言葉：「ぶ」（水）、「ばあばあ」（バイバイ）。

＊テレビをつけた時間：朝―4時間くらい、夕―4時間くらい。

・指さし・バイバイ・オツムテンテンなどの摸倣をしない。

・後ろから呼んでも、必ず振り向きます。

・自分で自分の頭をたたく時がある（やりたいことを禁止すると必ずと言っていいほど）。

・よく笑う。

・親にべったりとくっつきすぎていることもある。

・ハイリスク児のチェックはわりと少ない。

機械音を除き、栄養素をあたえる総合療法を始め、2、3日たってから「今日は指さしがいつもより多いかも」、「なんとなく聞きわけが良くなったような気がします」とメールあり。

H22年3月27日　「おー」、「あー」喃語が増えた。おっぱいの事を「ばあー」と言う。

4月19日　テレビは完全に除いている。スーパーにも行かず、車にも極力乗せないようにしています。今言える言葉、車「ぶーぶー」、おっぱい「ばーばー」、水「ぶ」などで、意味のない言葉ですが、「ばあ」や「うわ」など、一日中声が出るようになった。今、困っていることは、気に入らないと頭をぶつける他に、オモチャを投げるようになったことです。言葉は増えないし、理解力も良くなっていない気がします。あせります。

4月27日　「あけて！」と言ってみて、と促したところ「あー○ー○」「あ」は聞き取れたのですが、他の言葉は何を言っているのか分かりませんでした。

「ちょうだい」、「どうぞ」も教えていますが、まだ言葉にはなりません。兄がブロックで作った作品を「見て見て」と持ってきたら、マネして「おーおー」と言いながら、自分の作った物を持ってきた。この感じは初めてでした。

5月　連休に近くへキャンプに行きましたが、症状に逆戻りは見られず、子どもの相手をゆっくりすることができ、リフレッシュできました。

　言える言葉：車「ぶーぶ」、おっぱい、「ばーばー」、水「ぶ」、いないいない「ばあ」、犬「わうわう」、トラック「たーく」、取って「てって」、バイバイ「ばば」、バナナ「ば」、だっこ「だ」。

「ちょうだい」、「とって」、「どうぞ」はできます。

頭・目・鼻・口も間違わずにさわれます。聞きわけが良くなってきています。「完璧を求めたり、ほうびをしぶってはいけない」。本当にそうですね！　気をつけます。

言える言葉：「かして」、「ちっち」、「（ウンチ）出た！」、「ママ来て」、「ママねんね」、「ママいこ」

6月27日　最近、ダメなことが分かってきて、注意してもパニックにならず、素直に言うことを聞く。

7月11日（2歳3ヵ月／4ヵ月後）　単語—56、2語文（要求語）。「●●してね」と言うと「はーい」と言う。

9月12日　「ママ、クックはいて」、「ママ、ここつけて」、「ママ、バイバイねんね」、「ママ、だっこして」

先月から会話になってきていると感じる。

10月24日（2歳6ヵ月）「ママ、オヤツちょうだい」、「ママ、足かいて」、「ニンジン、ここ入れて」。

　以前は必死に教え込もうとしたが、ここの所、「楽しんでできたら良いよね」と思えるようになりました。

11月19日　「パパ、きてー、ブーブとってー」、「ママ、おせんべいちょうだい」。

　2語文カードや、動物、持ち物、果物の名前など教えています。

12月2日　ウンチを教えに来る。トイレでできるようになる。とても嬉しい。

〔浅野〕　約10ヵ月のカウンセリングを終えて思うこと。最近、早期に療育に入ることが増えました。年齢の低い子は、言葉の増え始めが少し遅い傾向がありますが、心配ありません。増え始めると、急速に、しかも自然の育ちの子のように、環境から学んで成長を始めます。将来のために、もう1年は頑張りましょう、言葉の理解力・自己中心性の改善・人を思いやること・集中力の改善など。田上くんはアレルギー体質があり、栄養素の一部が摂れませんでした。

H23年7月19日（3歳3ヵ月）　最近の私はイライラしすぎです。オモチャを貸して欲しい時、私の言うことを聞きたくない時に子どもが大声を出すのですが、これに対して私が冷静でいられません。私もどこかおかしいのかも……と思ってしまいます。

最近の言葉：朝起きてきて、自分から「おはよ」と言う。

誰もいない校庭の前を通って「雨、降ってる、学校いない」。

8月8日（3歳4ヵ月）　自然な育ちに任せてはいけないのですね？　お天気は、雨は分かるのですが、他は毎日教えています。曜日と季節はこれから教えます。形容詞のなかで、言えるもの（理解しているもの）です。いっぱい―ちょっと、高い―低い、細い―太い、大きい―小さい、長い―短い、熱い―冷たい、硬い（やわらかいはまだです）、暑い―寒い、重い―軽い。

最近の言葉：「ちっち出ない（から）お水飲んで良い？」と聞く。

「じいじのお家行ってご飯食べた」、「そう。おいしかった？」、「おいしかった」

H25年9月17日　田上くんの就学時健診

H25年10月　先日就学時健診がありましたので、その報告です。

保育園の友達と、近所の友達（兄の同級生の弟、たまに一緒に遊ぶ）も誘っていきました。本人は家を出るときから緊張顔、学校でみんなに会っても緊張はとけず、みんなは、いろいろ探検したり遊びまわるのに、Sは私のそばを離れません。何回も学校に来ているし、集会場所の体育館も入ったことがあるのに、ダメでした。5年生に連れられ教室へ、この様子では、知能テストどころか、健診も、まともに受けられないに違いない。椅子に座って待ちながら、ほとんどあきらめていました。ところが、終わって帰ってきた時は、緊張が解けて朗らかな笑顔でした。体育館を出ると「みんなと遊びたい」と言って、皆のいる方へ走っていきました。その様子を見て、あの緊張感は、この健診を頑張らないといけないことを、きちんと理解してのものだったと分かりました。

最近の様子

「保育園で運動会やるの、見に来てね、上り棒と太鼓橋とジャングルジム」と言う。

運動会では、かけっこ、リレー、のぼり棒、大縄跳び、鉄棒を使った競技、お遊戯を、間違えることなく、大縄跳びでも足を引っかけることもなく、こなしていました。自転車の補助輪も取れました。療育センターの言語療法では、1時間近く座ったまま一度も席を立つことなく取り組んでいました。

＊＊＊

松井カイくん／3歳2ヵ月／H23年1月からカウンセリング

＊療育の経過：1歳時健診―要観察。1歳半健診―療育を希望する。1歳9ヵ月より療育に通園。昨年10月に広汎性発達障害と診断される。

先生にはあせらないでと言われ続け、私もそれを信じて、ゆっくりしていました。その先生の指導では、息子の言葉を代弁してやることと、人より物に興味があるので、人との関わりの楽しさを教えてくださいと、言われていました。

〈現在の状況〉

＊言葉：2、3語言えるようになったのは3歳2ヵ月。単語は10ぐらい、2語文はまだ。

＊多動：1歳9ヵ月頃にはすごくて、ずっと続いていて3歳になってから少し落ち着いた。

＊偏食（食べない物）：野菜・肉・カレーライス・ミートソース・たまご焼き・ハンバーグ。

＊指差し：2歳半頃。
＊バイバイ：2歳2ヵ月頃。
カウンセリングの経過
2月6日　早速資料に目を通し、とても希望が見え、息子の成長を思い浮かべ楽しみになりました。息子は偏食が激しいので栄養素が摂りにくいのですが……。
4月4日（3歳4ヵ月）　模倣、言葉は1ヵ月前とくらべると、格段に伸びています。先月から2語文・3語文が少しずつ出ています。パニックは思いどおりにならないと、大声を出して暴れることが多々あります。偏食は、1ヵ月前より、少し良くなったように思います。子どもへの関心・物の独占が多く、貸し借りができない。4月、保育園に入園する。
5月17日　GWが明けてから落ち着いてきたようで、順番が待てるようになったり、給食で食べられなかった物が食べられるようになったりと、いい方向に向かっています。本人もとてもイキイキしています。保育園から帰ってきたら少しゆっくりさせています。静かな環境で、今日保育園であったことなどを質問したりしています。栄養素を2月から始めて3ヵ月たつと、やはり効果があるんですね。とても嬉しいです。
6月7日　最近、保育園でも落ち着いてきているみたいです。色んな保育士さんの名前を覚えて、帰りに「○○先生バイバイ明日ね♪」などと言って保育士さんを驚かせていました。給食も「今日なに食べた?」等の質問に、食べられたものを答えたり、思い出して答えることができるようになってきています。そして、我慢ができるようになってきて、入園当初のカンシャクはかなり減りました。
7月4日（3歳7ヵ月）　カイは症状の戻りもなく日々成長しています。今までは我慢できなかったことも、私からの口頭での説明で、理解をして我慢ができるようになったり、最近は私もお腹が大きくなってきていて、カイも赤ちゃんの実感がわいてきているのか、食べられない野菜なども「これ食べれたらお兄ちゃんだァ」と声をかけると少し考えながらも食べ始め「野菜食べられた！　お兄ちゃん！　えらい！」などと褒められるのを待っています。今、カイも言葉をしっかり理解して、褒められたいという気持ちがすごく育っていて、ほんとに子どもらしく無邪気です。2月から総合療法を始め、偏食のために栄養素でつまずき、続けられるか不安でしたが、今レシチンとビタミンも順調に摂取でき、こうして変化も見られて、浅野先生には感謝でいっぱいです！

8月25日　カイは毎日元気です。私が思うように動けなくて調子も悪いなかでも、本人はメキメキ成長してくれているのが分かります。栄養素が飲みにくくて苦戦していましたが、私も癖がなくて飲めるレシピがこれです!!　フルーチェ4分の1ほどに牛乳を入れて液状にし、そこにバナナ1本大きめを潰しながら入れ、ビタミンを1袋ずつ入れるとバナナで酸っぱさも全然なくヨーグルトが苦手でもいけると思います！　私が悩んでた時みたいにお子さんが飲まず悩んでる方に是非伝授してください！

9月18日〔浅野〕　赤ちゃんの誕生をプラスにするようにカイくんに接して、ご家族が力を合わせてカイくんの成長のために頑張り、幸せな家庭を築かれるようにカウンセリングを続けたいと思います。

＊＊＊

花野奈々さん／2歳5ヵ月／H23年4月より総合療法を開始

H23年4月23日　電話とファックスでカウンセリングする。

＊健診の経過：1歳半健診では、何も言われず、今年の4月に市の心理士の先生の所へ連れて行きましたが「まだ経過を見ないと」と言われた。

＊言葉：現在、単語は50以上。2語文は「お菓子ちょうだい」「○○とって」など要求語が少し。

＊多動：足取りがしっかりしてきた頃から、多動がひどく、幼児教室に連れて行っても、動き回って、先生の摸倣はしなかった。

＊パニック：前は子どもの泣き声にパニックを起こしたが、今はない。気にいらないと物を投げたり、たたいたりする。

＊困っていること：会話にならない。オウム返しが多

い（特に興奮すると）。選択できない。

＊今後の希望：子どもとコミュニケーションを普通に取りたい。子どもが自分の気持ちを自分の言葉で話せるようになってほしい!!

5月10日

・「何食べてるの？」に答えられた！

・「これは？」と聞いてきた。

・教えていない2語文が出た！

・「ちがう！」は言葉では言うけれど分かっていない。テレビを消して1ヵ月と5日。栄養素を摂り始めて18日。

6月13日　出た言葉：「タロウ（犬）、ワンワン鳴いてる」、「黄色いフライパンどこ？」、「くしゃみ出た」母「だれの？」「ななちゃん」、母「ななちゃん、もう1回して？」「くしゅん」。会話のようになった!!　昨日は、すごく反応が良い1日でした。「何しているの？」の問いに答えてくれて、今までしなかった、ボールでおにぎりを握るまねをしたり、「かゆい」と、意思表示が具体的にあったりと、何だか信じられない感じでした。午後からは「同じ」というのもまた、やってみようと思います。また今日も頑張ります。

8月15日（4ヵ月後）お店に興味があり、「〇〇売っているのは？」と聞くと「〇〇屋さん」と答えられる。「AとBと持ってきて」と指示を2つにしています。最近ちょっとできるようになりました。「AとB」とか「これは〇〇の」などが使えるようになりました。「ママのお名前は？」「おばあちゃんのお名前は？」に答えられる。「ママ、ぎゅーして」などと私に甘えることが増えました。

9月13日（2歳10ヵ月／5ヵ月目）「メロンパンナのオモチャとって」など具体的に言える時がある。「奈々ちゃんとキティちゃんとねんね」、「ここにもネコさん」、「〇〇の横」など使えるようになる。「のどがかわいたから、ジュースちょうだい」など「〇〇だから□□」を心がけて教えていますが、まだ、文章がなかなかつながりません。

H28年8月　近況報告

現在小学2年生、普通学級に元気に通学中です。先生にご指導いただいたことで、今の私たちがあります。

＊＊＊

大山京太くん／2歳3ヵ月／H23年5月より総合療法開始

＊**2、3語言えるようになった**：1歳9ヵ月頃。
＊**指さし**：2歳3ヵ月。
＊**現在言える言葉**：単語50ぐらい。
＊**多動**：ほとんど気にならない。
＊**パニック**：1日に1回くらい、怒られた時などに、自分の頭をぶつける。
＊**困っていること**：言葉が理解できないこと。
＊**今後の希望**：目を見て会話をしたい。
＊**テレビ・ビデオがついていた時間**：乳児期・1歳代、約10時間。
＊**テレビ・ビデオの視聴時間**：1歳代・7時間くらい。2歳代・5時間ぐらい。車の中では音楽をかけていた。

H23年5月24日　カウンセリング開始。
5日後の29日には「ちょうだい」と、はっきり言えて、9日後には習慣になっている。
6月6日　「何がないの？」と聞いたら、「あんぱんごう」と言った！　偶然？　会話が成立した!!「ジュースちょうだい」「ママーおいで」も言った。
6月18日　最近、目が合う時間がとても増えたと思う!!「どれ？」と聞いたら「これ」と指差した。会話ができている!!
7月16日（2歳5ヵ月／約2ヵ月経って）
・名前を呼んで振り向くようになった。
・目もよく合うようになった。
・顔のパーツや手・足が、よく分かっている。
・「大きい」「小さい」と言えて、意味も分かり始めている。
・名詞だけでなく、動詞、形容詞も、出てきた。
8月16日（2歳6ヵ月／90日後）
約3ヵ月たって変わったこと。
・言える単語が増えたし、発音や言葉がはっきりしてきた。
・指示が聞けるようになってきた。
・自分の要求を言葉で言えるようになってきた。
・知恵がついてきた?

9月7日　ここ10日ぐらいの間に、2語文がものすごく増えました。3語文も、2、3個は言っています。とても嬉しいです。色も理解してきているようです。

〔浅野〕　総合療法は、お母さんが療育者です。お母さんとお父さんが子どもの障害に立ち向かうのです。この時代に「テレビやビデオを100%除いてください」ということがどんなに大変か、6人の孫がいる私にはよく分かります。それでも言わなければなりません。若い御夫婦には、栄養素を買う事が大変な家族もあります。でも「栄養素を摂ってくださいね」と言わざるを得ません。「将来のために、必ず役に立つから、頑張ってくださいね」と。「子ども手当が出るのを待っています」小さい子どもが2人いて、働けないお母さん達が言われます。国は、子どもが保育所や幼稚園に通う家族に、もっと支援をしてあげてほしいものです。

＊＊＊

内田洋くん／2歳7ヵ月／H23年6月よりカウンセリング開始

健診や療育の経過
・1歳6ヵ月健診、発語がなく、言葉が遅いことを医師に話すが様子を見るように言われる。1歳7ヵ月に発語。2歳2ヵ月より週1回の療育に。2歳4ヵ月にアスペルガーかもしれないと言われる。

2歳7ヵ月の状態
＊現在言える言葉：「公園いきたいの」、「あのさ、パン食べる」、「もう1個たべる」、「トマト、赤なったね」、「お母さん、いない思った」など多い。
＊多動：室内では何か一つ遊びが終わると走りだしたり、部屋の中をぐるぐる回ったりします。外では何か見つけると走り出します。イスに座っていられません。
＊偏食：生野菜を食べない。

・同年齢の子といっしょに遊べません。友達が来ると逃げることが多い。

＊困っていること：こだわりが強く、変化を嫌い対応が難しい。注意をしたりすると「いや」「ダメなの」と、何度も言うので疲れて困ってしまう。「明日行こうね」と言うと、「今すぐ行く！」と言い、なだめるのがとても大変です。

＊今後の希望：落ち着いてほしい。カンシャクがなくなってお友達と仲良く遊べるようになってほしい。できれば、普通の小学校に入学できればいいと思います。

H23年7月26日のメールより（約1ヵ月後）　多動は10から5になったかなと思います。外では、危ないから手をつなぐよ、と言えば素直につなぐようになりました。ご飯の時も、一口食べては歩いての繰り返しでしたが、最近はご飯を食べ終わるまで座っていることができるようになりました。まだ室内で待っていなくてはいけない時、じっと待っていることができません。質問には、簡単なことなら答えられます。何歳？　名前は？　何してるの？　何食べたいの？　どこに行く？　何色が好き？　などです。指示に従うのは、危ないから止まって。目つぶって。オモチャとって。立ってて。ここで待ってて。目つぶって。これ持ってくれる？　などです。短く話すとだいたいは分かるが長く話すと理解できないようです。人の気持ちを考えることができるように声かけ頑張っていきたいと思います。

8月26日（2歳9ヵ月）

（2歳7ヵ月の症状を10、定型発達の子を1にして、現在の症状を問い合わせました）

最近の症状に関してですが、多動は、3～2。こだわりは、5。偏食は、3。パニックは、病院に行く時以外は1。カンシャクは、4。感覚過敏は、6。になった気がします。多動と偏食に関しては、かなり変化がありました。勝手に走りだすことはなくなりました。こだわりは依然あり、絵を描くときは同じ色しか使わない、気に入っているオモチャの置き場所などのこだわりなどです。パニックになることはほとんどなくなりました。気に入らないことがあると泣きますが、今はずっと引きずることが少なくなりました。感覚はやはり敏感で、視覚に関しては、明るいのを嫌い、まぶしがります。触られることや、手や足に砂、ゴミなどつくのをすごく嫌がりますが、育てやすくなりました。今の会話は、お母さん、何してるの？　汗かいたから、シャワーあびようか。これ、どこで買ったの？　お母さん、怖い声で言わないでね。まだ発音が悪くはっきりしない言葉もたくさんあります。やはり理解力が低いのか、わからないと質問しても違うことを言ったり、無視します。あと話していることとは、全く違うことをいきなり話し出します。トイレでおしっこができるようになりました。本当に先生には感謝しています。

9月23日のメールより　最近、療育センターで、来年度どうするかということを話し合いました。ほんの2ヵ月前は、普通の幼稚園に通うのは、難しいかもと言われていました。しかし、療育センターの園長先生が、普通の幼稚園に通ったらどうか、とおっしゃいました。今の洋は、普通の幼稚園で少しずつ集団に慣れたほうがいいのではないか？　ということでした。とても嬉しい言葉でした。

【浅野】　非常に短期間に症状が改善しました。劇的と言ってもいいでしょう。今後は、自己中心性・攻撃性に注意して接し、言葉も、聞いた言葉の理解力も育てること、人の気持ちを考えて行動すること、社会性を教え、その後は、社会性を環境から経験を通して身につけていくように、したいと思っています。

＊＊＊

Aくん／2歳5ヵ月

＊言葉：マンマ・ブーブ・バイバイ。1歳半から増えない・言葉の理解がない。

・多動、指さしなし・バイバイ—2歳。便秘、テレビは一日中ついていた。

＊今後の希望：普通の生活ができ、一人で生きていけるようになってほしい。

H25年4月1日から総合療法開始

H25年4月30日　「こいのぼり」と指さしできた。

5月21日　「ちょうだい」を言う。
7月16日　攻撃性、かなり減少。我慢ができるようになる、多動もかなり減る。
7月30日　名前を呼んでも知らんふりしている時と比べると別人です。
8月19日　今、言える言葉：ば（バナナ）／ばおー（ぱおーん）／がー（ばおー）／わわん（ワンワン）／ふ（ふりかけ）／の（のり）／か（さかな）／か（かさ）／マンマン（アンパンマン）／ちょ（ちょうだい）／あか／お（青）／ごっご（いちご）／もも／パパ／けー（時計）／ふ（ふうせん）／パ（ぱん）／ぶ（ぶらんこ）／ぽっぽ（からっぽ）／こ（歯みがき粉）／ぶ（スプーン）／手／こっこ（抱っこ）／ぶ（ケチャップ）／ニャーニャなどで、実物がないと何を言っているか分かりません。
　今日は「こ（れいぞうこ）」と言った後に、しばらく待っていたら「あけて」と言いました。2語文？
9月26日　言えた言葉「ハンガーとって」、「よんで」、「はー」（はーい）。攻撃性は、かなり減って、多動はなくなった。独り言や、つま先立ちは時々あります。
10月7日（6ヵ月後）　ブログ拝見しました。総合療法、私も一番いい方法だと思います。本当にいろいろな療法があり、悩んでしまいます。私は始めに浅野先生にご縁をいただいて、本当に良かったと思っています。ほぼ無発語・無表情・呼名に返答なし・一人遊びしかしない・言葉の理解なしから始めた息子だったので、無理かもしれない、とは思いましたが、総合療法を止めようとは思いませんでした。ようやく、脳が元気になり、やっと、言葉の勉強ができるくらいになってくれたのだと思います。こつこつ頑張ります。色々報告がしたくて長くなりました。
10月19日　ようやく模倣ができるようになったみたいです。1～10まで数える時も、なんとなく一緒に言えています。積み木で「1個ちょうだい」、「2個ちょうだい」もできました。
H26年1月22日（3歳2ヵ月／9ヵ月後）　先日、個別の療育を見学させていただきましたが、家庭療育で頑張ってみます。どうぞお力をお貸しください。

1月30日　今は「どこ?」を教えています。「同じ」、「違う」を教えています。やはり、機械音を除いたので、声に反応ができているのだと思いました。横を向く時があります。回ることと、つま先立ちはなくなった。

4月27日　最近は考えてから一生懸命に話そうとしています。「はなみず、出たから、ティッシュ、ふく」、「め、が（に）、おゆ、はいった」。私「何を取りたいの?」。「今日は、どこ、行った?」、「なに、買った?」、「おやつ、食べた?」、「ごはん、何、食べた?」。

簡単な質問に答えられるように教えています。まだ、教えたことしか言いませんが、頑張っています。動物の鳴き声、職業、分類（野菜・果物・飲み物・動物・乗り物）を教えました。

＊＊＊

Bくん／2歳9ヵ月

＊言葉：30-50語、2語文が増えない。童謡をBGMとして流していた。

＊今後の希望：普通の人生を送ってほしい！

H25年3月19日から総合療法開始

H25年3月27日　単語が増えている、睡眠もしっかりとれる。公文の2語文カードを購入。

5月末　幼稚園を休園する（静けさと私と1対1のコミュニケーションのために）。

7月16日　小児科医から「だいぶん追いついている」と言われる。

8月1日　言葉がすごく伸びている。たどたどしいけれど「Bとパパ、お風呂はいったとき、R（妹）ねた」と言った。

8月9日　おしゃべりになった、ボール遊びが上手になった。

9月21日（6ヵ月後）始めた頃と比べると、別人のようです。一応、会話のやり取りはできます。自分からも、どんどん話しかけてくれます。

11月9日（3歳4ヵ月）「〜とき」、「〜から」とか、よく使っています。

「パン屋さんに行ってから、公園に行く」とか、一方的に話すことも多く、私が聞いても、オモチャの車に夢中で返事がない時があります。

H26年1月6日（3歳6ヵ月）　お正月に久しぶりに会った親戚からは「よくしゃべるようになったねー」と言われました。

4月25日（3歳10ヵ月／1年後）　幼稚園では一応うまくやっているようです。発音は、1年前と比べると、はっきりしていなかった言葉は、格段によくなっているのですが、同じ年齢の子と比べると、まだまだと、思います。

＊＊＊

Cくん／2歳8ヵ月／H25年3月23日より総合療法開始

＊発語：1歳7ヵ月、要求語は言える。オウム返しも独り言も多い。

・パニック・便秘・スーパーを走り回る。テレビは1日中つけっぱなしでした。

＊今後の希望：自立した普通の生活が送れるようにしてやりたい。

H25年2月28日よりテレビを止めています。

H25年4月1日　言葉増え、落ち着いてきた。

4月11日　テレビを消したら、こんなに子どもが変わるのに、皆さんに知られていないなんて日本の将来が心配ですね。本当に日本を変えなければ、日本は危ないと思います。昨日、息子「ちょうだい」、私「どうぞ」、息子「ありがと」これがやっとできました！今までは「どうぞ」も言っていました。

5月1日　テレビを見ない生活をすることは、確かに大変です。でも、テレビを見ないようにしてからは、息子は本当に変わりました。私がすることをよく見ています。私の真似を、何でもしたがります。

6月27日　「お母さん、アンパンマン（の）パズルあけて」と言う。

8月6日　2、3語文でお話を多くするようになった。

8月18日（5ヵ月目）　外へ遊びに行って、家に帰ると「○○楽しかった」。妹が寝てると「Aちゃん、寝てる」と。「お母さん何している?」と聞くと「歯磨きしてる」と言う! 今までできなかったことが、急にできるようになっていて、驚くことがよくあります。

10月20日 私「これは何?」、息子「オムライス」。「そうね。オムライスは誰が作ったの?」、息子「お母さんが作った」。

H26年1月26日(3歳6ヵ月) 疑問文も話します。「これ何?」、「お母さん○○乗ったことがある?」、「お菓子、たべていい?」。

発音もよくなり、聞きやすくなりました。目を見て話す回数も、話しかけられて、きちんと答える回数も、すごく増えました! 最近は、できるだけ指先を使って遊ぶようにしています。

12月末に、おまるで排便ができるようになりました! トイレトレーニングをしたわけではありません。驚きました。

4月17日 息子はよく話します。「お父さん、○○行ってきた?」、「お母さん、これ、どこで買った?」、「さみしかった! Cちゃんも行くって言ったのに!」。

＊＊＊

Dくん/2歳7ヵ月/平成25年4月6日より総合療法開始

・発語はない・理解言語は多い・以前はベビーカーから降ろすと走りました。奇声あり。

・文章の絵本は座って聞けない。乳児期と1歳代の症状のチェックは非常に少ない。

・2歳以降、事情があって、急にテレビの時間が多くなりました。

H25年4月9日 要求、手を合わせることと、「ちょうだい」と言うことを教え始める。

4月15日 多動が、別人のように治る!

4月20日 「あけて」が言える。

5月16日 奇声については、一時ひどい回数だったので、心底困っていました。でも、気がついたら、めきめきと少なくなり、今日は一度もありませんでした。今日は家で「葉っぱ」と声を出していました。

6月3日　公文の2語文カード、購入してみました。2語文の練習にはまだ早いのですが、カードを見て声を出すようになりました。犬を見て自発的に「わんわん」と言ったり、昔言えなかった「パン」も今は言います。手先も器用になり、ボタンをとめられるようになりました。

8月8日　模倣でなく自発で「みかん」、「ブドウ」と言う。

8月15日　「窓あけて」、「パパのくるま」と言う。主人も可能な限り、働く時間を調節して、子どもと接しています。

9月6日　言語聴覚士さんの個人レッスンを月3回受け始めました。

9月11日　2語文が増えている。

10月1日　日常の言葉は、2語文・3語文が多い。「赤と白の電車ください」など。オムツはしっかり取れました。

10月25日　大学病院の診察がありました。結果、療育は必要なく、経過診察は終了、と言われました。気持ちを表す言葉も、疑問形も出てくるようになりました。まだ、安心はできませんが、状況は落ち着いてきました。

〔**浅野**〕　テレビなどの時間は割と少なかったし、乳児期1歳代の症状のチェックリストのチェックは、少しでした。折れ線型の可能性があります。ご主人も仕事を調節して、子どもと関わる時間を増やされたこともあるでしょう。

＊＊＊

Eくん／2歳1ヵ月

＊**言葉**：「ママ」と喃語。

＊**初語**：11ヵ月、バイバイ――11ヵ月にあったが消えた。

・言葉を理解していない、呼んでも振り返らない、何でも口にする。

＊**今後の希望**：普通に会話ができるようになりたい。

H25年3月14日から、総合療法を開始

H25年3月29日　現在、聞き分けがよくなったように思います。今日もテーブルの上に乗っていて、「危ないから降りようね」とおろしました。以前だったら、カンシャクを起こしています。よく目が合うようになり、呼ぶと、たまに振り向くようになりました。以前は100%振り向きませんでした。

4月　広汎性発達障害と診断される。指導なし！

4月3日　「あけて」の「あ」が出るようになった。「いない、いない、ばー」が言えた！　とパパが喜ぶ！

4月17日　模倣が増え、手をつないで散歩ができるようになった。パニックがほとんどなくなり、父親にすごく甘えるようになった。

5月17日　風邪を引いてしまい、1週間ほど栄養素が摂れませんでした。見事に後退し、耳ふさぎ、爪かみをするようになり、多動もひどくなりました。

ウンチもコロコロの真っ黒になってしまいました。改めて栄養素のすごさが分かりました。

5月29日　言語理解は10～20語くらいですが、言葉での要求はできません。

6月10日　最近、オウム返しっぽいのをするようになりました。パパ・ママを理解して言えるようになりました。妹と一緒に遊ぶようになりました。

7月25日　トイレでおしっこができるようになる。言葉はなかなか増えない。

8月10日　先日、療育教室で発達相談があり、発達検査をしました。詳しい数値は教えていただけませんでしたが、だいたい、1年遅れくらいの発達だそうです。これと言ったアドバイスももらえず、やはり自分が頑張るしかないと思いました。

9月7日（6ヵ月後／2歳7ヵ月）指示には大分したがえるようになりました。

＊＊＊

Fくん／3歳4ヵ月

＊**言葉**：単語100くらい、2語文少し。

・何度か迷子になる。多動、音過敏。

＊今後の希望：コミュニケーションが言葉でできるようになってほしい

H25年2月19日より総合療法を開始

H25年3月20日　散歩などしながら、1対1で教えた2語文も、以前より自然につながるようになった。

4月16日　2語文が増えている。パジャマを何度も着脱するこだわりが出てきた。

6月18日　言葉は増え、2語文、3語文と話すようになりました。会話のやり取りができるようになりました。浅野さんに出会っていなかったら、今頃どうなっていたことか……想像すると怖いです。

6月30日　名前・年齢が言える。色覚えた。言葉が増え、発音が少しずつはっきりしてきて、他の人にも、聞き取れるようになった。

8月16日　病院へ行って、3歳代まで伸びていると。音のない生活は大変ですが、会話が増え、コミュニケーションが増え良かったです！

8月21日　言葉がすごく増えている。

9月18日　定型発達児、という目標が遠く感じてしまい、どこまで頑張ったらよいのか、先が見えなくなっていました。テレビを見せたいとか、見たい、というのではなく、一緒に歌を歌ったりするなどの時に、音楽を使いたいと思ったので。最低でも2年ですね。2年という目標があれば頑張れます。ここまでやってきて、アスペルガーやADHDが残ってしまったら、後悔すると思います。治ることを信じて続けていきます。妹のRは、今、Fと同じくらい話します。妹はテレビをあまり見せない生活だったので、Fと、ここまで違うものかと。

H26年2月5日（4歳4ヵ月／1年後）

少しずつですが、できることが増えています。保育園での友達とのかかわりも、まだまだではありますが、以前よりは、できるようになってきました。

また、12月から月1回で言語療法をすることになりました。今までに2回診てもらい、現在の言語発達の様子を見てもらったのですが、なかなか集中して取り組むことができません。一応3歳半くらいの発達だと言われました。

＊＊＊

Gくん／3歳2ヵ月

＊言葉：2語文が出ている。語尾があがる。大声で奇声。

＊偏食：生野菜を食べない。

＊今後の希望：文章で話せるようになってほしい。身辺自立が確実になってほしい。

H25年1月20日から総合療法開始

H25年3月3日　療育のお母さん方に「言葉が増えたね」と言われました！　まだまだ2語文は少ないのですが、地道に感情表現、言葉なども意識してかかわっていきたいと、思います。

3月30日　ひとり言の時は、コミュニケーションに切り替えるのですね。やってみます。最近は教えたことをすぐ覚えるようになったので、息子の成長を日々嬉しく思います。

4月27日　行ってきます・行ってらっしゃいは言える。ただいま・お帰りは、時々間違う。自分の名前をフルネームで言えるようになった。

5月21日　言葉が増え、できることが多くなったが、順番待ちができず、大声を出すこともある。

6月27日　ここ数ヵ月で、しゃべり過ぎるくらいになった。以前、気に入らないことがあるとドアをけったりする問題行動がありましたが、それもなくなりました。

7月7日　「ただいま・おかえり」が、しっかりできるようになった。文中に助詞が入らないことも多いが、保育園での出来事を話そうとする。

8月7日　長い文で話す。「ママ、お父さんはお仕事？」。曜日に関心を持っている。

9月26日（3歳10ヵ月）　じゃんけんはまだ難しいようで、勝ち負けがよく分かっていません。園ではお友達が転んだり泣いたりしていると「だいじょうぶ？」と、頭を撫でたり、小さい子を見ると「お母さん、かわいいね」と言ってきたり、穏やかで、優しい子に育ってくれたなー、と感じます。

9月30日　保育園の運動会では、子どもの成長を感じて、涙が出そうでした！　息子は集中して、踊りやかけっこをしたり、自分の番が終わると座ってお友達の応援をしている姿が見られました。
H26年1月29日（1年後）　私に対して「ママ、どうしたの？　気持ち悪い？　寝る？」と声をかけ、私の頭をなでなでしてくれるなど、とても優しくて、つらい時、息子に甘えていました。

＊＊＊

Hさん／2歳6ヵ月
＊発語：50語くらい。2語文は2‐3語言える。
・多動は少ないが絵本は読めない。
・野菜を食べない、奇声、夜泣き、オウム返しあり。
＊今後の希望：可愛い！　と思えるようになってほしい。
H24年10月26日から総合療法を始める
H24年10月22日　テレビを止める。
10月31日　キーキー声は、最近は聞かないが、オウム返しも多く、会話にならない。
11月17日　言葉は今は緩やかな成長といったところ、パパに破れた本を渡して「だめでしょ、大事大事よ」と言う。聞きづらく、パパには分からなかったが。
12月2日「顔、きれいきれい、した」。3語文が徐々に出てきたよう！
H25年1月18日　しばらく、あまり変化はなかったが、最近、少し長文が言えるようになりました！「今日は、じいちゃん、イチゴ、持ってきたでしょ」と言う。集中力が切れると、指示に従うのが難しい。
2月22日（2歳10ヵ月）　最近、ものすごく理解力があり、言葉も上手になってきたと思います。素直に言うことを聞けないことが多くなった。
3月23日　質問しても、分かっていないことが、まだ多い。多動傾向がまだ少し強いと思う。あまり、じっとせず、興奮するところが気になります。
4月24日　やはり、アスペルガーかな？　と感じることも増えてきました。つい、マイナスな気分になってしまい、つらい！　つばを吐くことが多く、困っている。

5月　発達検査の結果、姿勢・運動―１０２　認知・適応―69　言語・社会―67でした。

5月30日（3歳1ヵ月）脳波の検査は異常なし、3歳を過ぎてからよくしゃべります。「なにした?」、「だれが?」は分かる。教えたかな？　という言葉を言ったりして驚くことも。つばを吐くのは、落ち着いた。

8月末　全体的に良くなった。言葉はすごく伸びたが、少しの多動・こだわりはまだ。

10月11日（3歳6ヵ月／1年後）質問をよくしてきます。「どうして○○なの?」、「お母さん、これは何で○○しているの？　教えて」など、外出時は人見知りしないし、楽しいとテンションが上がる。手はつないでくれます。

H26年1月27日（2年3ヵ月後）以前は発達を気にして生活をしていましたが、今は深刻に悩まないくらいになりました。突然！　1から10まで指をさしながら数えられるようになったり、会話のやり取りもスムーズになったりしました。お腹に赤ちゃんがいることも、よく理解できています。2歳半でも2語文が話せませんでしたが、2年で、ものすごく成長した！　と思います。テレビを見せないことの重要さも、よく分かりました。

＊＊＊

Iくん／1歳11ヵ月／H25年7月6日より開始

＊発語：1歳2ヵ月にマンマ、おかあさん、と言ったが消えた。現在の発語は15語くらい。

・首の座り、おすわり、歩き始め、皆遅かった。乳児期に1ヵ月間、ＩＣＵに。

H25年7月11日　つま先歩きがなくなったような気がする。

7月16日　積み木が7個もつめた。

8月4日　少しの間手をつないで散歩ができた。少し我慢ができるようになった。

9月3日　記憶力がつく。ネコ・わんわん・ゾウ・キリン・くま・うさい（ウサギ）が言えた。

9月4日　3日に1回ぐらい2語文？「ブーブ、

かっこいい」「ママ、やって」。
9月12日　ひとり言が減った（10から6ぐらいに）。育てやすくなった。
9月20日　子「ちょうだい」、母「なにを?」、「バナナ?」、子「パン」。初めて自分の意思が言えた！
9月25日　保健師さんの訪問があり「今の様子を見ると、3ヵ月前のことは信じられない」といった感じで、3ヵ月でこのように激変するとは思えない、と言われました。3ヵ月前は走り回っていたが、今は私から離れない（愛着形成ができた）。
10月17日　スーパーで耳をふさぐ。言える言葉100くらい、2語文はなし。
10月18日（2歳2ヵ月）　発達を診てもらっている病院に行きました。発達度は3ヵ月前―65％だったのが、今回―78％と上がっていました。すごく伸びたので、うれしいです。先生も「何かしたの?」とびっくりされました。先生には、テレビを消して遊んでいたことを話しました。
H26年1月22日（6ヵ月後）　2語文カードを買って教えています。「これ誰の?」と教えています。
1月27日　いつものように本を探していて、「こらしょできた（本のタイトルです）ないかなー。ないよねー」と言っているのを聞いて、パパが「普通のこと言っているとおかしいね！」と言っていました。今、関係のないことを突然言ったり、何回も繰り返したりが多く、気になりますが記憶力がついてきたと思います。

＊＊＊

Jくん／2歳3ヵ月
＊発語：5（いたいよ・おいち・いやいや・赤・わんわん）
・バイバイも指さしもない。
・多動がひどい・奇声・パニック・多い。
H24年8月30日　総合療法開始
H24年9月7日　おやつをあげる時、「ちょうだい」の手を出すよう頑張っています。
9月12日　単語が少し、出てきたように思います。イナイイナイバーは大好きでカーテンに隠れて見つけてもらおうと。おばあちゃんが「確実に変わってきている」と言う。
10月3日　絵本を集中して読むようになった。模倣が増えた。多動は相変わらず。
12月8日　発達検査では、1年の遅れがあるようです。総合療法を始めてから3ヵ月ちょっと過ぎました。息子も2歳6ヵ月になりました。開始1ヵ月前後から、息子に変化がありました。

先生がお話しされていたように、多動が少しずつ落ち着いてきました。以前は、家のドアを開けたら、ものすごいスピードでどこかに走って、見えなくなってしまう勢いでしたが、それがなくなりました。あまりの変化に、はじめは信じられず、様子を見ないと分からない、と思っていました。少しの時間ですが、生まれてから初めて、手をつないで歩くことに成功しました。涙が出るほど嬉しかったです。多動は、かなり減りました。カンシャクも大分減り、前は毎日泣いていましたが、ここ2週間ほどは、眠い時に、ぐずるくらいです。
H25年2月14日　要求語と名詞が少しずつ出る。多動は半分くらいに改善。
5月20日（2歳11ヵ月）テレビを消して10ヵ月、なかなか2語文カードを覚えない。奇声減った。言葉は150語くらい。まだ会話にならない。8ヵ月ぶりの発達検査、正常域ではないが、伸びていました。

＊＊＊

AKくん／2歳6ヵ月
＊発語：10語くらい。
・多動、パニックあり、横目で見る・くるくる回る。
＊テレビとビデオの時間：わりと少ない。
＊今後の希望：落ちついてほしい、自分の思いを話せるように、いずれは性格の範囲内に。
H25年1月より総合療法開始
H25年3月11日「あけて」の練習をする。
3月14日　動物の鳴き声は、ほとんど言えるようになった。

4月15日　保育園は週3回の半日保育にする。多動が少し落ち着いてきたようです。

4月30日　車のタイヤ、ナンバープレイトが気になり、車のまわりをくるくる回っていました（症状戻る）。方向を意味する「あっち」が言えるようになった。

7月23日　2語文は少し、新しい発語がなくても、毎日何かしら成長を感じることができます。ここにきて、反抗期なのか、私の指示には拒否的になってきました。

8月23日　2語文は毎日出るようになった。

9月10日　思いやりがあり、動詞も出てきた。横目で見たり、くるくる回るのが心配。

10月20日　3歳4ヵ月　言葉は2語文が定着してきて、会話らしくなってきました。動詞も「行く」、「行っちゃった」、「止まった」、「読む」、「食べる」、「待って」が新たに出てきました。単語も増えてきています。

H26年1月　おしゃべりの方は順調に伸びています。「お菓子、もっと、ちょうだい」など、要求がますますハッキリ言えるようになりました。それと、同時に嫌なこともハッキリと言うようになり「ママ、あっち行って！」、「ママ、どいて」などと言います。

3月6日　「〜みたい」、「なんか、おかしい」、「なんか、へん」などの抽象的な言い回しをよくするようになりました。「もう1個」も、うまく使えるようになりました。「どこ、行った？」と、疑問文が出るようになりました。

4月26日　会話らしくなって、自分の感情や見た光景を、言葉で表現するのが、日ごとにうまくなっています。昨日、保育園にいる様子をのぞいた時には、保育士さんの号令に他の子らと一緒に起立・礼、ができていました。その様子を見て、涙が出てしまいました。

H27年5月28日　長文が時々出るようになる。「どうやるの？」、「どこ行くの？」など、うまく言えるようになりましたが、妙に甲高い、女の子のような声で話すのが気になります。3月の発表会では、保育士さんが近くにつかなくても、それなりに踊り、最近の運動会でも、分からないところは保育士さんを見て真似るなどして上手に踊ってくれました。外出も楽になりました。

＊＊＊

Lくん／3歳11ヵ月

・自閉的な傾向はあるが、今は家ではほとんど困りません。

・1歳半頃、多動・ふり向かない・パニック・自傷行為・笑わないなど、育てにくい子でした。2歳には、テレビをつけるのを止めました（それまでは、テレビは、つけっぱなしのことが多かった）。その後もあまり変わらず、2歳8ヵ月の時にオモチャを全て排除するように言われた（片岡直樹医師に）。その後、みるみる改善しました。

・3歳10ヵ月の現在、言葉は普通に話し、他人から見たら、ほとんど普通に見える。

＊今、気になること：お友達にオモチャを貸せない・団体行動が苦手・初めての場所が苦手で泣く・気に入らないと物にあたる。

H25年2月より総合療法開始

H25年3月22日　息子は今月4歳になりました。最近は、ワーッとパニックになることもあまりなくなってきたように思います。食べ物の好き嫌いも少なくなってきたし、少し落ち着いてきたのかな？　という感じはあります。

　生活面では、親のペースに子どもが合わせてもらうつもりで接しています。会話は、ごく普通にできます。

6月16日　おばあちゃんが「以前より、賢くなったね」と言いました。

6月20日　1日に1回くらいは大泣きをする（まるで火傷でもしたかのように）。

8月22日（4歳6ヵ月）　保健センターにて「グレーゾーン、言葉の使い方が幼いので、療育を受けるのも良い」と言われた。

H26年1月29日　カンシャクも、まだありますが、程度が軽くなり、回数も減ってきました。

不器用で、お箸がきちんと持てません。お友達との関係を心配していましたが、良くなってきているようです。

＊＊＊

Mくん／3歳2ヵ月から総合療法開始

・言葉が遅い・お友達をたまに叩く・会話にならないことがある・発音が悪い。

・7月からテレビを消している。

＊希望：お友達を叩いたりせず優しい子になってほしい。会話も普通の子と同じようにしたい。

お母さんは正社員として働き、子どもは保育園に通園して頑張りました。

H24年10月11日　最近の息子は、7月からテレビを消して、言葉が増えて3語文は話します。2語文や自分の名前を言ったのは、2歳半で遅かったです。宇宙語のような、分かりにくい言葉もあります。偏食はありません。睡眠は9時から6時半です。衝動性・多動はあります。手をつなぐので迷子はありません。私が浅野さんの活動について思うことは、出会えて感謝しています。わが子のように心配していただいて、他のお母さんたちもそうだと思うのですが、メールですごく励まされるので、頑張れるのだと思います。親の気持ちを前向きにさせてくれます。

悩んでいる方がいたら、まず1ヵ月だけでも試してほしいと思います。警戒心の強い私ですが、ブログを見て電話するまで、あまり時間はかかりませんでした。

12月19日　最近Mから妹に「あそぼー」という時があります。妹はイヤイヤ期なので「いやだー」と。Mは私に「○○遊ばないって」と言いに来ます。

H25年1月16日　始めて3ヵ月になりました。半年ぶりに、かかりつけの小児科医に行ったら「だいぶ落ち着いたね」と言われました。

4月9日　脳が落ち着くのは時間がかかるのですね。気長に頑張ります。小学校に入るまでに他の子との差を、分からないほどにしてあげたい、もっと頑張りたいです。
6月9日　ひとり言、同じ質問を繰り返すことがあります。考えている時に、たまに目が外側によります。でも、成長したと思うことも増えました。
11月8日（4歳3ヵ月）　昨日は保育園に迎えにきたじいちゃんに、車から降りる時に「じいじ、ありがとうございました」と言い、私の母が見ていて、すごく喜びました。
H26年2月5日（4歳6ヵ月）　最近、Mが少し落ち着いた感じがします。面談で一番嬉しかったのが「M君は優しいですよ、他の子が泣いていたらティッシュを持ってきたりしますよ」と。12月に発表会があったのですが、少しだけチョコチョコしましたが、役もきちんとできていました。まだ問題はあるので頑張ります。

＊＊＊

Nくん／3歳5ヵ月
・発語はなく、軽い多動や頭をコツンとするなどの行為はあった。
H25年8月10日より総合療法開始
総合療法開始後、すぐに1年半ぶりに「ママ」と呼んでくれて涙しました！
H25年8月15日　テレビなし生活に慣れたとはいえ、なかなか大変なことが多いです。落ち込んでいました。大変ですが、やることがあって、やる気が増しています！
9月6日　毎日言葉が増え、2語文でコミュニケーションをとる。単語も増えて、みんなもびっくりしています。
9月12日　頭、コツンはなくなりました。
10月19日　「ママー来て」、「いっしょ」、「みててー」。
10月17日（3歳7ヵ月）　先週は、幼稚園の運動会でした。かけっこ・お遊戯・親子競技・開会式・行進、ばっちり決めて、午後からも何とか応援席に座って過ごしていました。想像より、はるかに立派にこなせたので、涙が出てしまいました。
言葉で何かを伝えようと、すごくします。数ヵ月前からは、想像できませんでした。

10月18日　昨日メール送信後に、息子が自分の名前を言い出し、嬉しくて涙が出ました。

その流れで「何歳？」と聞くと「3歳」。「お名前は？」、「N」。結構発音も良い気がします。

H26年1月9日（3歳10ヵ月）　とにかく言葉が増えています。友達を名前で呼んだり、人の写真を指さして名前を言っています。まだまだ不明瞭です。身の回りの名詞は大体言えるようになっています。気持ちの切り替えができず、時々ぐずる時があります。

H27年11月　問題なく普通学級に入学できると言われました。

＊＊＊

Oくん／3歳5ヵ月

今まで、言葉が出ないのであせり、いろいろ相談したが、「様子見」の状態が長く続きとても不安でした。絶対に改善できるはずだと、思い、探し回った結果、浅野先生のブログにたどり着きました。3歳から、なるべくテレビをつけないようにしていました。3歳4ヵ月に広汎性発達障害と診断され、8月より市の療育・週1回の予定。

H24年7月より総合療法開始

H24年7月25日　3語文が出ているが、母から質問すると、オウム返しだったり、単語のみ、要求は大体1語。「よんで」、「とって」など。

7月31日　テレビを消して1ヵ月、栄養素を与えて10日、なかなかできなかった積み木で同じ形を作ることがすぐにできた。1から10までの数字が読めた。

8月2日　オウム返しから、返事らしいものに変わっている。

8月6日　私が質問して、答えを付け足して、同じように言えたらほめて、ご褒美をやりだしてから、質問した後、少し考えて正しい答えを言うようになってきました。

8月23日　積み木で同じ形ができます（模倣・今までできなかった）。ジェスチャーが減り、言葉で要求を伝えるようになってきた。保育園での指示が入りやすくなった（担任より）。

サリー・ウォード著『0～4歳　わが子の発達に合わせた1日30分間「語りかけ」育児』という本を、参考にしています。

9月2日　近所の子と水をかけあって遊べる！（2ヵ月前とは大違い）

11月12日　今まで、食事に関心がなく、遊んでいるほうが良かったり、少しだが偏食があったが、今では何でも食べます。ちょっとした仕草が、とても子どもらしく可愛くなってきました。

H25年3月20日　浅野さんに出会えて、本当に良かったです。出会っていなければ、遅れている所ばかりに注目して、まわりの子どもと比べては落ち込み、救いを求めて、相談に走りまわっていたと思います。

3月18日　発達検査…1年前は、IQは標準以下でした。今回はIQは100近くまで上がっており、凸凹はあるが、性格の範囲内に。おしゃべりは方言が入るようになってきました。

4月21日（4歳2ヵ月）　療育とリハビリは、続けています。やはりまだ、不器用で引っ込み思案なので。

＊＊＊

Pくん／2歳11ヵ月

・発語は単語・2語文が増えない・出ていた言葉が消えた・多動・会話ができない・挨拶ができない・痛みを感じにくいと思った・あまり笑わなくなった。

H24年7月24日より総合療法開始

H24年8月23日　日に日に新しい言葉を発するようになってきた。

9月11日　要求語「ジュースちょうだい」などが言えるようになり、カンシャクや多動はずいぶんと落ち着いた。

10月3日　「これは何?」には答えられるが、意思の疎通はできない。

10月12日　今、分かること、上―下、重い、高い―低いなど。

11月2日　カンシャク・奇声がだいぶ減った！

11月10日　言葉が増えて、「誰と?」、「どこで?」、

「何した？」の問いに答えが返ってきて嬉しい！

12月2日 記憶力が良くなっていると思う。2語文は、ほぼ言える。社会性が心配！ カンシャクは、うんと減り、言葉で助けを求めます。

H25年1月8日 長い文も出ている。

3月5日 機械音は本当によくないですね！ 私はわが子の変化を知っているので、友達や知り合い、時には児童館などで初めて話す人へも、赤ちゃんへの機械音の怖さを言っています。今まで浅野さんを頼りに頑張って、息子は随分と言葉が増え、ビデオづけだった頃が嘘のように、多動が治まりました。本当に感謝しています。

5月29日 わがままやカンシャクは、ほとんどなくなった。

9月26日（4歳） テレビや音楽がない生活が、一年過ぎました。幼稚園に9月から通い始めました。すぐに運動会の練習が始まり、14日が運動会でしたが、リレーや遊戯も、みんなと全然見劣りしないくらいにできました。言葉もバリエーションが増えてきて、驚きます。

H27年11月 小学校は、普通学級を薦められましたが、手厚い援助を受けたいと、1年生は通級を希望しました。知的には90位です。怒りっぽいが説明すれば分かってくれます。今は一番になりたいという、こだわりがあります。

＊＊＊

Tくん／1歳10ヵ月

・保育園の保育士さんから言われて気がつく。

＊発語：わんわん・だっこ・開けて・ごー（ごはん）。

お母さんの仕事の都合で、保育園に登園しながら総合療法をする。

H24年5月18日より総合療法開始

H24年6月17日 「パパどこ？」と聞くと、指さして教えてくれるようになった。

10月12日 言葉は少しずつ増えている、ちょうだい、の「だーい」。嫌な時の「いやいや」と言う。

H25年1月 お正月を挟んで、急に言葉が発達し、保育園の保育士さんにも認められるほど、成長することができました。
2月19日　医師の診断、「昔で言う、うすーい自閉症スペクトラム、今で言う広汎性発達障害」と言われた。
2月22日　ここ1、2ヵ月で、急激に言葉が増えています。
5月30日　民間の療育施設へ行く、ぬりえ、ドーナツボール・トランポリン・パズルなど、マンツーマンで行う。
8月2日　定型発達の子と、知的には変わらなくなったのでは、と思うのですが、一昨年のブログにも書きましたが、やはり、保育園のお友達とは違うなー、と思うことも多いです。
9月13日　嬉しい変化。見てほしい時「あーあー」だったが、「みてみてー」と言うように教えていたら、言うようになりました。嬉しくて楽しんでいます。
10月26日（3歳3ヵ月）　ブログのAA君の記事、読みました。小学校で普通に過ごしている姿を想像すると、とても励みになりました。Tくんの最近の様子、今、一番気になるのは、人の言葉を分かった上で、無視して自分のやりたいことをしようとする傾向が強くなってきています。

母には「Tくん、最近、他の子との差が目立つようになってきたわね」と言われ、落ち込んでしまいました。保育園やプールの同じ年の子たちとの集団で「みんなー！」の声に反応できません。言葉を理解している上で、自分の欲望を優先させる、という考え方を治すということが難しいです。
H26年1月30日　1年ぶりに発達検査を受けてきました。去年は全領域で80の知的境界でしたが、今日は、98とのことで、1年間で知的には問題ないところまで上げることができました。先生にアドバイスをいただいて、今まで頑張ってきて良かったです。
H27年11月　近況

ほしいものが手に入らなくても、もうひっくり返って泣くようなことは、なくなりました。

＊＊＊

Uくん／2歳2ヵ月

＊発語：13語

・怒ると自傷をする、指さし2歳3ヵ月、バイバイは2歳から、理解力がない。

・祖父母と同居、家族全員が協力的でした。

・市の母子同伴の療育を受けることになっている。

H23年5月から総合療法を始める

H23年6月15日　鼻・口・目・耳、を教える。絵本で電車・消防車・救急車はどれ？　と聞いたら指さした（今までは、全くできなかった）。

6月17日　バイバイが90％くらいできるようになった。家族から「よく話すようになった！」と言われる。こちらの指示を理解できるようになってきた。

6月20日　初めての療育。ずーっとにぎやかで騒々しい、体操やお遊び中心だった。

7月3日　要求語を言う。「ちょうだい」、「とって」、「いく」、「だっこ」、「よんで」、「もっと」。

7月27日　「おはよう」と言うと、「はっぱ」、「でんき」と関係のないことを言う。「ママの目を見て」と言うと、一瞬でも見るようになった！

8月7日　「ジュースちょうだい」、「あっち行く」、「おそと行く」と言う。名前を言えた！

9月7日　始めて112日目になります。ここ10日ぐらいのあいだに、2語文がものすごく増え3語文も2、3個言っている！

9月30日　「くまさん（が）、ぞうさん（の）、うえ（に）のってる」と言う。

H24年1月　否定的な言葉がすごく多いが、パパとブランコしたら「楽しい」と言った。

2月　「おしっこしてくる」と予告してトイレでできた。ママに「〇〇したらだめだよ」と言ったので「だめなの？　じゃあ△△は？」と聞いたら「△△ならいいよ」と言った。

新版K式発達検査

H23年5月	姿勢・運動	73
	認知・適応	63
	言語・社会	49
	総合	63
H24年3月	総合	86

H24年4月　年少から、機械音を使わない小さい保育園に入園しました。保育園では、皆と同じことをしようとしないことがあるので、保育士さんに誘ってもらうようにお願いする。

H25年4月　年中さん、保育園では特定のお友達と一緒にいるのは好きで、大勢の中に入るのは苦手な傾向があります。

＊＊＊

Vさん／3歳3ヵ月

＊発語：ママ・マンマ・わんわん・ねんね・要求語少し。

お母さんは1歳3ヵ月に気がついて相談したが、指導はなく、2歳に診断が出た。1歳6ヵ月から、パソコンによるデジタルフラッシュ、音楽療法をする。そのために、音楽は起きている間、ほとんどの時間つけていた。子ども発達外来の医師から、「しまじろうなどの好きなDVDを繰り返し見せなさい」と言われた。

H24年12月11日　総合療法開始

12月24日　同年代の子に自分の方から寄っていき、ボール遊びをした。色分け、色マッチングができた。多動が少し改善された。

H25年1月18日　最近、要求語「開けて」、「ちょうだい」、「よんで」など言えます。

1月24日　多動が良くなっています。物に名前があることを何となく理解。

2月14日　物の名前の理解は進んでいるようですが、発語はまだです。

4月13日　物に名前があることを理解したことが一番

大きい。発語が20くらいあり、言葉の模倣をずいぶんするようになったので、発語も増えるのではないかと期待している。

5月12日 テレビを消して5ヵ月！ 教えた記憶にないものも、最近増えてきました。名詞で80個くらいは分かっていると思う。幼稚園の子と、ちょっとだけ手をつないだり。

5月23日 情緒も安定してきた。人に、にっこり微笑みかけるようになってきた！

6月 発達をさまたげるのは、いくつかの原因があって、原因の一つが電子音だと、私は断言できますが、あまり、多くの人に知られていません（自閉症先進国でも）。

7月22日 皮膚科でじっと待てました。「きてきて」、「グミ、だた（ちょうだい）」、「ふろ、ざばーん」。「おはよう」と言う。

8月24日 発音が少しずつですが、はっきりしてきました。やり取りも少しはできるようになった。

12月23日（4歳3ヵ月） 異変に気がついた1歳3ヵ月に浅野先生と知り合っていたらと思います。療育センターでは何も指導はなく、経過観察だけですから。現在多動は眠たい時、広い場所で出る状態。形の概念を理解、色の概念が分かりかけています。

こういう子たちは、脳が壊れているのではないのですね！（壊れているように見えますが）脳を落ち着かせ、適切な介入を続ければ、奇跡は起きると信じています。

＊＊＊

Wくん／3歳6ヵ月

・テレビは見せていないが、英語やモーツァルトを聞かせていた。家ではコミュニケーションがとれますが、外では黙っている。少しの間、つま先立ちや逆さバイバイがあった。食事を自分で食べようとしないことが多い。状況に全く関係のない、独り言が多い。相手に聞かれたことに対して、それにあった返事ができないことが多い。物を一列に並べる。目が合わない。教えても覚えない。他の子に興味がなく、遊ばない。

H24年8月3日から総合療法開始
H24年8月31日 変わりました！ 先生にあいさつしたこと、カンシャクが減り、私が子どもといるのが楽しくなった。
9月3日 1ヵ月で、人に対する興味がすごく出てきて、感情もすごく読み取るようになってきた。
9月7日 3まで数えるようになったり、自転車も補助輪ありですが、少しこげるようになりました。保育園の保育士さんも、祖父母も主人も、すごく変わった！ と感じている。
9月17日 主人の祖父母が「本に自閉症は治らない、と書いてあった」と言ってきました。私は「大丈夫、性格の範囲内まではよくなる！」と言いました。子どもが寝ているうちに、明日の食事の準備をしてしまい、明日も、変わっていく子どもに、びっくりしながら遊びます。
10月5日 保育園の保育士さんに「Wくん、ものすごく伸びています」と言われました。紙オムツが取れ、会話、かなりできます。保育士さんに「目を見てあいさつできるようになりました」とほめられました。
H25年3月1日 昨年の7月に発達検査をした全国でも有名な病院の医師に「この子は、どんなに頑張っても、追いつくことはありません」と言われていました。
　今はもう、「言葉はすごいですよ！」と、保育園の保育士さんに褒めてもらいます！ アスペルガー症候群っぽい所も、ほぼなくなりました。
　間違った情報が、多すぎます。

＊＊＊

Zくん／1歳4ヵ月

・言葉・指さし・バイバイなし。朝から、寝る直前まで動き回っている。
・手に触った時にパニックになる。なんでも回す・常にボールや石など両手に持っている。
H25年6月18日より総合療法開始
H25年6月26日 テレビを見なくなって1ヵ月、表情が柔らかくなり、喃語が増えました。ただ、その反面、一日中ぐずぐず—あやす—ぐずぐず、を繰り返す毎日で。いつか、多動が落ちつくと信じて頑張ります。

7月5日　物を投げたり、噛みついたり、奇声をあげたり、ひどくなってきました。療育も、来月からですし、途方に暮れています。

7月23日　数日前から、ひらひらさせていた両手を、ぱちぱちと叩くようになりました。

7月26日　ヒマになると、必ず壁に頭を打ち付けるので、クッションを片手に追い掛け回す日々です。物を投げることも、続いています。緑の冊子（注：カウンセリング経過を編集し自費出版した冊子で、お母さん方に家庭療育の参考にしていただいている）は毎日読んで、もうボロボロです。

7月27日　少し抱っこもできるようになりましたし、気持ち多動も楽になったような気がします。

8月5日　痛みを感じにくい、という点ですが、以前は激しく転んでも泣きませんでしたが、今は、ちょっと転んでも泣きます。まったく痛みを感じないわけではなくなってきている感じがします。

8月8日　昨日から「いないいないばー」と言う私の声にあわせて、自分で目に手を持っていくようになりました。嬉しいです。クレヨンでなぐりがきもできるようになりました。多動や奇声や噛みつきは相変わらずですが、頑張ります。笑顔もかなり出ていますし、少しずつ模倣もできてきました。

9月18日　体調が悪く、毎日毎日をこなすことがつらくなっています。親族、友人にこのやり方（総合療法）を否定され、頭の中がうまく整理ができません。

10月16日　相変わらず激しく動き回っています……。毎日押さえつけて、イライラ怒りながらの食事は、とても憂鬱になるので、少しの間だけ、あきらめてふらふらさせながら、食べさせてしまっています。（【浅野】今はそれでいいと思います）

言葉は、いないいないばーの、「ばー」を完璧に言うようになった。あとボールを投げる時や階段を登るなど、何かする時に「バーン」と言うようになりました。それと、数日前から、向かいの犬を見るたび、手を翳して「アー」と叫ぶようになりました。

H26年1月10日（1歳11ヵ月）　言葉ですが、今話せるのは、ママのマ、パパのパ、おばあちゃんのバ、バスのバ、アンパンマンのアンパンくらいです。他には、イナイイナイバーのバー、ボールを投げる時にバーンや、電車や車のオモチャで遊びながら、ブーブーというような感じです。言葉は増えません。

ただ、理解はかなりできていて、指示したものを持って来たり、指さしたりはします。笑顔も随分出て、外に行ってもすれ違う人などに必ず笑顔で手を振るようになりました。毎日毎日メールを打つ時間もないほど、目まぐるしい日々です。なかなか連絡もできません。

H27年11月（4歳3ヵ月）　テレビは今もつけていない。幼稚園でのトイレの要求などは、カードを使うようにしている。

＊＊＊

ABくん／2歳

・言葉なし・多動・奇声・パニック（少し）・生野菜を食べない。

＊今後の希望：性格の範囲内までにしてやりたい。

H25年6月24日から総合療法開始

H25年6月12日頃からテレビを除く生活を始めました。その後、声掛けに対する反応が良いように思います。絵本も楽しそうに見るようになりました。

H25年7月4日　手遊び歌は、笑って見ているだけで、まだ、マネるような様子はありません。

8月3日　最近、私が「アンパン」と言うと「マン」と言ってくれる時があります。

8月21日　昨日、「とって」に挑戦してみましたがダメでした。はじめは泣いて私の腕を引っ張ったりしています。

9月23日　「ネンネだよ～ネンネンネンネ～」と相づちを打つとマネをするようになりました。

H26年1月19日（2歳7ヵ月）　言葉の方は、増えています。名詞だけでなく、動詞や形容詞も覚えて使えるようになるように、声がけするようにしています。

2語文も少しずつですが増えてきています。

2月5日　ひき続き、言葉は増えています。昨日は、出かける前に「靴下はいていこう」と初めて言いました。

6ヵ月前は、まったく言葉がなく、まずは言葉が出ることが目標でした。言葉が増えてきている今、まだまだ定型発達には追いついていないですが、次の目標をどこに持っていけばいいのか？　と思うようになりました。

＊＊＊

Aくん／1歳8ヵ月

・指さしなし・乳児期の症状は少ない。テレビはついていたが、見ていた時間は少し。

・言える言葉：りんご（果物）、マンマ、パパ。

・多動・奇声あり。すぐ怒る。

H25年8月31日より総合療法開始

H25年9月2日　今日一度だけですが、初めて1本指で指さししたような気がします！　すぐに1本指からパーになりましたが。オムツの袋のミッキーマウスが乗っている電車の絵を指さして「あー！」と言ってこちらを見ました。本当に嬉しかったです！　機械音を消して今日で3日目です。

9月3日　早速ですが、また変化が、ウンチした時に「うん、うん」。昼食がパンだったのですが、「ぱん！ぱん！」と言い。サインでちょうだい、と連呼していました。テレビを消して、まだ3日です。とても嬉しかったです。こうして、少しずつ変わっていくと、毎日が楽しいですね！

9月6日　本当に今日の健診で「市の対応では、何もできない」と痛感しました。私は健診の前に浅野先生と出会うことができたので、今日の健診で「様子を見ましょう」と言われても、落ち着いていられました。

9月18日　心理士さんに、市の主催する発達支援センターでの療育を紹介されました。待機者がたくさんいるとのことで、いつ入れるか分からないようです。

10月17日　最近、言葉の模倣が少し、増えてきました。おにぎりの「ぎり」とか、スープの「プ」、ぶどうの「ブ」、バイキンマンの「ば」など。

医師から「初めの時は、この子、正直、自閉症だな、と思った。でも、今回は違うって思う。違うんじゃないかな」と、なんか複雑なコメントでした。年齢も低いし、知的、情緒的にはだいぶ遅れがあるようなので、心理療法の訓練をしながら、3ヵ月後くらいに正式に診断しよう、と言われました。

最近は、洗濯物をほしていると「パパ！　パン！」主人のパンツを持って叫んでいました。

多動ですが、野外でのハラハラはなくなりました。以前は少しでも手を離せば、ピューと走って行きいつ車にひかれてもおかしくありませんでした。今は自分からちゃんと手をつないできたり、少し離れてしまっても、ちゃんと私の位置を確認しているようで戻ってきます。後、遠くに行ってしまっても、「おいでー」と両手を広げて待っていると、ものすごい笑顔で戻ってきて抱きついてきます。めっちゃ可愛いです！

H26年1月10日（2歳）目が、とてもよく合うようになりました！　呼んだら、すぐに振り向くようになりました。
今は、バイバイやこんにちはは、ほとんど相手の目を見てできるようになりました。あんなに目が合わないと心配していたのがうそのようです。

4月20日　平日仕事でまったく会えない主人は、久しぶりに息子に会うと、「ACがペラペラになってる！」と、ちょっと大げさですが、とても喜んでいます。

＊＊＊

ADくん／2歳8ヵ月／H24年6月7日より総合療法開始

・1歳3ヵ月頃、まんま、わんわん、ブーブなど発語あり。2歳頃、単語20-30語。「でんしゃ、きた」と言う。睡眠障害がひどい、赤ちゃんの時はおんぶして歩いていないと寝なかった。今も3時間で起きてしまう。独り言が多い、噛みつき、パニック、つま先立ちあり、症状のチェックリストの1歳代は、ほとんど該当した。
H24年5月22日からテレビを止めた。

H24年5月28日 1週間して「何歳？」に少し考えて「2さい」と答えられる。涙!!
6月7日 総合療法開始。最近言葉が増えて、3語文も出始めた。英単語も50くらい言える。
6月26日 栄養素を摂り始める。
7月12日 作業療法で、すごく良いとほめられる。
7月24日 多動がほぼ治った。
8月6日 最近可愛くなった。
8月17日 「まま、髪の毛、チョッキン、チョッキン切った」と言った。
9月6日（3歳） 星野仁彦先生と熊代永先生の『幼児自閉症の臨床』の本に、テレビ、ビデオ、カセットなどの機械音が良くない、と書いてありました。
11月8日 「お家に帰って、新幹線のパズルをやりたい」と言った。だれ？ どれ？ 何？ の質問にはオウム返しか黙ってしまう。
12月24日 独り言は、まだ多い。ごはん以外は手づかみで食べる。保育園で、お友達に「入れて！」と言えた。
12月17日 「舌癒着症、アデノイド肥大、甲状腺肥大」について調べた。
H25年1月14日 年末に主治医の診察を受け、「すごく良くなっている、お母さんのほうが心配です」と言われました。自閉症のお母さんの60％がうつ病だそうです。
3月5日 息子は舌癒着症の手術が成功して、経過も良好です。毎日成長を感じています。呼吸を確保して、体や脳に酸素がいきわたったっているのかな、と思っています。3年4ヵ月の間、本当に頑張りました！（自我自賛です！）
6月14日 最近の息子は少し停滞気味です。理由は保育所の参観日に向けての歌の練習が多いからだと思います。独り言も多く、目線も合いにくいです。指示も通りづらい感じです。
9月5日 息子、とても落ち着いてきました。独り言が減っています。保育所でも家でも、良く笑います。
11月13日（4歳2ヵ月） 思い返すと、テレビを見なくなって、すぐに良くなっていますね、でも1年前からは、成長はゆっくりな感じです。

＊＊＊

AEくん／3歳4ヵ月／H25年9月より開始

・多動・奇声・パニック・指さしはあるがクレーン動作が多い。発語──1歳頃にママ。

今は、3語文「パパ、仕事、いく」。頑固でマイペースなところがあると医師より言われる

H25年9月に、広汎性発達障害と診断される。

H25年10月26日　診断を受けて1ヵ月、あまりに無知すぎて、希望を求めてパソコンにむかい続けました。発達障害の言葉は知っていましたが、こんなに生涯にわたって苦労する障害とは、思ってもいませんでした。

ペットボトルを渡すと、「ここ何?」と聞き、ペットボトルをロケットや飛行機に見立てて遊ぶ（場所・物・人物にかかわらず、すべて「ここ何?」と聞きます）。

小児科の待合室で、他のお子さんとオモチャを振り回して遊んでいたので、「オモチャあたると痛いよ」と止めると、カンシャクを起こし「ママ大嫌い、はなせ、はなせ」と叫んでママを叩いたりひっかいたりしようとしました。私が思っていた以上に、息子のカンシャクがひどくなっていて帰りの車の中で、涙が止まりませんでした。

11月10日　3語文が出ることがあるのですが、ほとんど2語文の会話なので、2歳前後でしょうか? 落ち込んでいる時間もないので、意識して語りかけ、コミュニケーションの楽しさを伝えなければと、再度、気を引き締めました。

12月1日　「多い─少ない」は理解したようです。家族の名前も質問すると答えるようになりました。2語文中心でしたが、長い言葉も出てきました。

9月にはじめて診断された病院の診断書には知的ボーダー（検査はなく、診察で判断されたと思います）でした。

12月30日　多動の落ち着きは、本当に嬉しいです。一緒に買い物に行くのが苦でなくなりました。走り回ら

ず、私のそばで歩きます。

H26年1月26日（3歳8ヵ月）　すごく言葉の種類が増えました。療育先で発達相談があり、ずっと座っていられたことにびっくりされました。「言葉も増えて、確実に成長が見えて、嬉しいですね」と言われました。

＊＊＊

AFくん／1歳5ヵ月

＊現在言える言葉：マンマ。

・まぶしがった・多動・パニック少し・痛みを感じにくい・呼んでも振り返らない・触覚過敏・躾けにくい・ジェスチャーによる意思表示がない・指さしをしない・子どもどうしで遊ばない。

H26年1月9日よりカウンセリング開始

H26年1月27日　壁伝いに、横目で走る。

2月6日　成長していることも、たくさんある。「キリンはどれ？」に指さしするようになった。

2月19日　ボール遊びを毎日している。頭をゴンゴンする。ハイタッチができた！

理解言語15くらい。

2月22日　良くなっていると感じます！　先生には、私の身内一同、感謝しかありません。最近は、公園に行くと、鴨やらに目が行くようになり、指さししながら、息子なりに「おった、おった」と、たどたどしく言っています。ハトが来たら逃げたり。物が落ちたら、「あーあ」と言います！

少し前ならありえません！　フェンスに横目で行くだけでした。今は、私が見る限り、フェンスに横目はしませんし、こちらの言っていることを聞いて考えることができるようになりました。まだ言葉はほとんどゴニョゴニョですが、指さししながら何か言っています。成長に驚くばかりです！

3月12日　最近は、何かすごく楽しそうです！　相変わらず私の顔を叩きますが、「だめ」と言うとムスッとしたへの字の口をします。可愛くて笑いそうになるのを耐えながら反省させます。今までは私が教えていたことを息子自身が指さしながら、「マンマ！　わんわん！　アンパンマン！」を言っています。
10月27日　目を見てくれるようになりました。言語は自発語はありませんが、ほしい時に「だいだい」と言うようになった。
12月（2歳4ヵ月）　先日、発達検査の先生に「3ヵ月ですごく成長した」と言ってもらいました。
12月9日　先週末より、テレビを完全に止めました。頑張ります。
12月22日　名詞・要求語以外にも動詞も意識的に教え始めました。靴下も脱ぎやすいところにまで下しておけば、「脱いで」と言うと脱げるようになりました。
H27年1月8日　ここ2日で、みかんを「カンカン」、散髪屋さんのぐるぐる回るのを「ぐるぐる」、「グーパー」、靴を「くっく」、抱っこを「コッコ」、と言いました。一生懸命言ってる姿が、とても感動でした。
3月30日（2歳7ヵ月）　いつ教えたかわからない単語も言い始めました。「新快速でどこ行くの？」と聞いて「○○」と言ったのにはビックリ。
H27年10月14日　まだ苦手だったり、気持ちの切り替えがうまくできない時もありますが、声掛け一つで息子はやる気が出たりもするので、保育園でも1人で頑張れるんじゃないか、という話でした。息子が1歳5ヵ月で先生と出会ってから、本当に頑張って参りました。息子もかなり成長しました。結果がついてきました。まだこれからだ！　という思いで、これからも頑張っていきます！
H28年7月　1歳5ヵ月から始めてもうすぐ4歳になります。
こんなに普通な日々が送れる日が来るとは思わなかったです。感謝しております。
まだ多少落ち着きはない所と1回の指示で行動に移すことがまだもう少しな感じはありますが、その他は不自由なく過ごしております。
これが1番幸せなことだとあの時は知らなかったし、先生に出会えて本当に良かったと思っています!!

＊＊＊

Xくん／1歳7ヵ月

・発語なし・自傷行為が1日に2から3回・多動・1日中テレビがついていた。
・卵と乳製品のアレルギーあり。
H25年6月2日からテレビを止めている。
H25年6月30日より総合療法開始
8月10日　今の言葉、マンマ・ブーブ・ゴーゴー。名前を呼ぶと、手を上げるようになった。指さしは多くなった。バイバイは、言おうとする。
11月2日　ちょうだい、を「ちっ」と言う。
12月19日　かなり言葉が増えた。専門医から「すごくのびている！」と言われた。
H26年2月27日　模倣をするようになった。「ママ、いこう」、「ありがとう」、「こんにちは」が言える。
4月15日　2語文が増えてきた。形容詞、動詞を教える。
5月22日　2語から3語文を話すようになった。奇声があり、わがままになった。
7月25日　アスペルガーっぽさが気になる。感情を表す言葉を、使って教えるように努力する。
11月2日（3歳）　新版K式発達検査を行う。結果は2歳も4歳もありばらばらだった。
H27年3月　3歳児健診。

「幸恵の発達障害の総合療法ブログ」に、コメントをいただきました。

驚きの1年でした。
ウチの子は2歳3ヵ月から、テレビなし生活を始めて1年経ちました。無発語で理解なし、指さしだけは何とかはある状態から始めたのですが、今は普通に会話できるようになりました。こだわりやカンシャク、パニックもなく情緒も安定しております。まだ目合わせは普通の子と違うと感じます、そして少し接触過敏の傾向が残っていて、泡が苦手で、歯磨きも苦手です。ただ浅野先生の活動には心から感謝しております。

成長した子の先輩お母さんからのメールです。

田上くんの就学時健診

1歳11ヵ月からカウンセリングを開始し、その時、言える言葉は2語で、多動・パニック・奇声がありました。

H25年10月　先日就学時健診がありました。

本人がとっても緊張して、頑張っていたので、結果はともかく、終わってホッとしました。療育の先生には「発音の二次検査には呼ばれるかもしれない」と言われていたので、それは少し覚悟しています。

最近の様子

「保育園で運動会やるの、見に来てね、上り棒と太鼓橋とジャングルジム」と言った。

「これ、じいじに見せようと思ったのにー」と言った。

運動会では、かけっこ、リレー、のぼり棒、大縄跳び、鉄棒を使った競技、お遊戯を、間違えることなく、きちんとこなしていました。療育センターの言語療法では、1時間近く座ったまま一度も席を立つことなく取り組んでいます。

AAくんは小学2年生・普通学級

元気に普通学級で過ごしていると、お母さんから、嬉しいコメントが入りました。

引用・参考文献

岩佐京子（一九九八）『危険！　テレビが幼児をダメにする!!』コスモトゥーワン
岩佐京子（二〇〇〇）『自閉症の謎に挑む』ルナ子ども相談所
岩佐京子（二〇〇三）『新版　テレビに子守りをさせないで』水曜社
片岡直樹（二〇〇一）『テレビ・ビデオが子どもの心を破壊している！』メタモル出版
リン・カーン・ケーゲル、クレア・ラゼブニック（二〇〇五）『自閉症を克服する』日本放送出版協会
ラッセル・マーティン（二〇〇二）『自閉症児イアンの物語―脳と言葉と心の世界』草思社
東田直樹（二〇〇七）『自閉症の僕が跳びはねる理由』エスコアール
テンプル・グランディン、リチャード・パネク（二〇一四）『自閉症の脳を読み解く―どのように考え、感じているのか』ＮＨＫ出版
酒井邦嘉（二〇〇二）『言語の脳科学』中央公論新社
永江誠司（二〇〇八）『教育と脳―多重知能を活かす教育心理学』北大路書房
リタ・カーター（一九九九）『脳と心の地形図―思考・感情・意識の深淵に向かって』原書房
サリー・ウォード（二〇〇一）『0～4歳　わが子の発達に合わせた1日30分間「語りかけ」育児』小学館
西原克成（二〇〇〇）『「赤ちゃん」の進化学―子供を病気にしない育児の科学』日本教文社
サーゲイ・サンガー（一九八七）『乳児はなんでも知っている―最新心理学が解明した心と知能形成の謎』祥伝社
小西行郎（二〇〇三）『赤ちゃんと脳科学』集英社
黒田洋一郎、木村-黒田純子（二〇一四）『発達障害の原因と発症メカニズム　脳神経科学からみた予防、治療・療育の可能性』河出書房新社
ジャコモ・リゾラッティ、コラド・シニガリア（二〇〇九）『ミラーニューロン』紀伊國屋書店
山上雅子（一九九九）『自閉症児の初期発達―発達臨床的理解と援助』ミネルヴァ書房
キャサリン・モーリス（一九九四）『わが子よ、声を聞かせて―自閉症と闘った母と子』日本放送出版協会
アン・サリバン（一九九五）『ヘレン・ケラーはどう教育されたか―サリバン先生の記録』明治図書出版
正高信男編（一九九六）『赤ちゃんウォッチングのすすめ』ミネルヴァ書房

正高信男編・小嶋祥三、鹿取廣人監修（一九九九）『赤ちゃんの認識世界』ミネルヴァ書房
杉山登志郎（二〇〇〇）『発達障害の豊かな世界』日本評論社
ジョン・マルコビッツ、リンゼイ・ドゥヴェーン（二〇〇三）『リタリンを飲むなら、知っておきたいこと』花風社
浅野幸恵（二〇〇四）『問題行動と子どもの脳』築地書館
門野晴子（二〇〇五）『星の国から孫ふたり』岩波書店

研究・報告
中村克樹「非言語コミュニケーションの脳内機能メカニズム――『協調と制御』領域」（研究報告　二〇〇七年）
和多和宏「小鳥がさえずるとき脳内では何が起こっている?」『生命誌ジャーナル』JT生命誌研究館、二〇一一年70号
星野仁彦「自閉症児の早期徴候と折れ線型経過に関する報告」厚生省：発達神経学的にみた自閉症の予防と治療に関する研究、昭和58年度研究総括報告書
鍋倉淳一「神経回路形成期におけるシナプス競合、脱落および再編成のメカニズムの解明」（研究報告　二〇〇〇年）
津本忠治「発達脳の可塑性と臨界期」（シンポジウム報告　二〇〇三年）

サイト
Akira Magazine パーキンソン病　介護・症状日誌　http://www.akira3132.info/
赤ちゃんの部屋　0歳~1歳赤ちゃんの目の見え方　http://www.babys-room.net/column/ikuzi/column5.html
視覚発達支援センター　視覚の発達　http://www.ikushisya.com/hattatsu.html
CHILD RESEARCH NET　心の成長はシナプスとミエリンの成長　林隆博　http://www.blog.crn.or.jp/report/04/49.html

【著者紹介】

浅野幸恵（あさの　さちえ）

自然療法・甲田療法などの健康法等を学び、岐阜県各務原市の自然治療法勉強会会長を10年余り務める。

KYB（Know Your Body）クラブに入会。分子栄養学を学ぶ。

特に分子整合精神医学に関心を持ち、ストレスと脳の仕組みについて研究する。

1991年『心のトラブルと自然療法』を自費出版。1999年までに6000冊発行。

1999年7月、リアリティセラピー（現実療法カウンセリング）の認定講座を修了。子どもたちの問題と脳の関係を研究。

『脳から治す心のトラブルと不登校』（2001年）、『問題行動と子どもの脳』（2004年、以上築地書館）を発刊。

「幸恵の発達障害の総合療法ブログ」を開設し、あい子ども相談室にて、言葉の発達の遅い子どもたちと不登校のカウンセリングと研究を続けている。

あい子ども相談室

メールアドレス：satiasano@yk.commufa.jp

携帯：090-7951-9663

0〜4歳の脳を元気にする療育
発達障害と改善事例44

2016年10月27日　第1版初版発行

著者　浅野幸恵
発行者　土井二郎
発行所　築地書館株式会社
東京都中央区築地7-4-4-201　〒104-0045
TEL 03-3542-3731　FAX 03-3541-5799
http://www.tsukiji-shokan.co.jp/
振替 00110-5-19057
印刷・製本　シナノ出版印刷株式会社
装丁　秋山香代子（grato grafica）

ISBN 978-4-8067-1525-2　C0037